Trivial sobre la Biblia

850 preguntas y respuestas interesantes

TABLA DE CONTENIDOS

Introducción	5
Creación de los Cielos y la Tierra	6
La creación de Adán y Eva	10
El Jardín del Edén	14
Expulsión del Jardín del Edén	18
El linaje de Adán y Eva	22
Noé y el diluvio universal	28
La Torre de Babel	33
Abraham y su familia	37
Isaac, el hijo de Abraham	44
Jacob, Esaú y Raquel	49
José y su viaje	54
Las Diez Plagas de Egipto	59
El Éxodo	64
Los Diez Mandamientos	69
El viaje a la Tierra Prometida	73
Jueces	76
El Reino de Israel y la Monarquía Unida	80
Goliat y David	88
Salomón y su reinado	94
Roboam y el reino dividido	100
Elías	105
Eliseo	110
Reyes de Judá e Israel	115
Profetas del Antiguo Testamento	121
El cautiverio babilónico	125
Ester y la historia de Purim	132
Nacimiento de Juan el Bautista	136
La Anunciación a la Santísima Virgen	140

El nacimiento de Jesús   145

El bautismo de Jesús   151

Ministerio y milagros de Jesús   157

La tentación de Jesús   166

El Sermón de la Montaña   170

Parábolas de Jesús   176

La entrada de Jesús en Jerusalén   181

La Última Cena   186

La crucifixión de Jesús   191

La resurrección de Jesús   197

Ascensión de Jesús   202

El día de Pentecostés   207

El ministerio y los milagros de Pedro   212

Los viajes de Pablo   218

Discípulos   227

Persecución de los primeros cristianos   236

La expansión del Evangelio   243

La segunda venida de Jesús   250

El Milenio   254

El Juicio Final   259

El cielo   264

Ángeles   270

Demonios y monstruos   278

Satán   284

Conclusión   289

Clave de respuestas   290

INTRODUCCIÓN

Bienvenido a *Trivia de la Biblia : ¡850 preguntas y respuestas interesantes! Aquí* descubrirá las respuestas a algunos de los misterios más interesantes de la vida.

En este libro, exploraremos muchas historias que se encuentran en la Biblia, desde la creación del mundo hasta cómo se representa el cielo.

Comenzamos echando un vistazo a cómo Dios creó los cielos y la tierra, así como a Adán y Eva, que fueron colocados en el Jardín del Edén hasta su expulsión. A continuación, pasamos a examinar el diluvio universal antes de profundizar en la línea familiar de Abraham, que incluye a Ismael, Isaac, Jacob y Esaú. Responda a las preguntas sobre el viaje de José desde Egipto hasta su casa durante las diez plagas. También analizamos en profundidad la historia del nacimiento de Jesús, incluido su bautismo por Juan el Bautista y los milagros que realizó.

La última parte de nuestro libro se centra en los viajes de Pablo por Asia Menor, la Iglesia primitiva y la persecución de los cristianos. Por último, echamos un vistazo a la Segunda Venida de Jesús, que incluye el Rapto y el Juicio Final.

Al leer este libro, comprenderá mejor las historias bíblicas y cómo han moldeado nuestro mundo. Cada pregunta está diseñada para ayudarle a afianzar sus conocimientos de la Biblia y también para introducir cosas que quizá no sepa. Todas las respuestas se encuentran al final del libro.

Esperamos que lo disfrute.

CREACIÓN DE LOS CIELOS Y LA TIERRA

Este capítulo profundiza en la creación de Dios tal y como se explica en el Génesis. Ponga a prueba sus conocimientos respondiendo a cada una de las preguntas de respuesta múltiple, que abarcarán temas como cuándo fue creado el hombre, cuántos días tardaron en separarse la tierra y el agua, quién dijo: "Hágase la luz", ¡y mucho más! ¿Está preparado?

¡Empecemos!

1. ¿Cuántos días tardó Dios en crear los cielos y la tierra?

a. Seis

b. Siete

c. Ocho

d. Nueve

2. ¿Cuál fue el primer acto de Dios al crear los cielos y la tierra?

a. Separación de la luz de las tinieblas

b. Abrir un gran mar

c. Pronunciar en voz alta tres palabras

d. Formando hombres del polvo

3. Según la Biblia, ¿qué fue creado en el tercer día de la creación?

a. Animales e insectos

b. La tierra y las plantas

c. Sol, luna y estrellas

d. El mar

4. ¿Cuál es el primer ser vivo que Dios creó durante la creación de los cielos y la tierra?

a. Los animales acuáticos y celestes

b. Adán

c. Animales terrestres

d. Eva

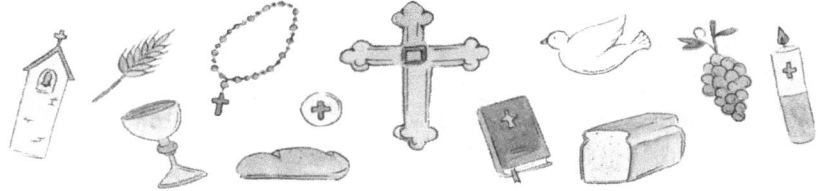

5. ¿En qué día fue creado el hombre según la Biblia?

a. Primer día

b. Segundo día

c. Tercer día

d. Sexto día

6. ¿Quién dijo "Hágase la luz" al crear los cielos y la tierra como se describe en el Génesis?

a. Dios

b. Adán

c. Noé

d. Abraham

7. Según la Biblia, ¿qué hizo Dios el segundo día de la creación?

a. Creó el sol y la luna.

b. Descansó.

c. Creó el cielo.

d. Creó al hombre.

8. ¿Cuántos días tardó Dios en descansar después de crear los cielos y la tierra?

a. Uno

b. Dos

c. Tres

d. Cuatro

9. ¿Qué hizo Dios el cuarto día de la creación?

a. Crear el sol, la luna y las estrellas

b. Crear las plantas

c. Cree criaturas marinas y aves

d. Crear seres humanos

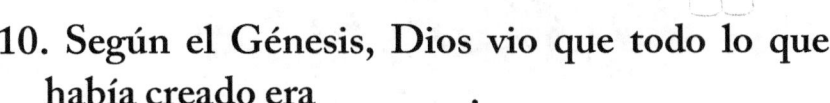

10. Según el Génesis, Dios vio que todo lo que había creado era _____.

a. Ordinario

b. Bueno

c. Caótico

d. Completo

LA CREACIÓN DE ADÁN Y EVA

Este capítulo profundiza en la creación de la humanidad por parte de Dios. Ponga a prueba sus conocimientos respondiendo a cada una de las preguntas de opción múltiple, que abarcarán temas como qué tipo de criatura utilizó Dios para crear al hombre, por qué fue creado el hombre según la tradición religiosa y qué bendición les concedió Dios tras su creación.

11. ¿En qué libro de la Biblia se encuentra el relato de la creación del hombre?

a. Éxodo

b. Levítico

c. Números

d. Génesis

12. Según la Biblia, ¿qué utilizó Dios como instrumento para crear al primer hombre?

a. Su mano

b. Polvo de la tierra

c. Nubes

d. La costilla de Eva

13. ¿Quién fue el primer hombre mencionado en el Génesis?

a. Noé

b. Abraham

c. Adán

d. Moisés

14. ¿Quién fue la primera mujer mencionada en el Génesis?

a. Rebeca

b. Sara

c. Leah

d. Eva

15. Según la Biblia, ¿qué utilizó Dios para crear a la primera mujer?

a. *Las estrellas*

b. *La tierra*

c. *El aliento de vida*

d. *La costilla de Adán*

16. ¿Cuál de las siguientes afirmaciones sobre los primeros seres humanos puede encontrarse en la Biblia?

a. *Fueron creados a imagen de Dios.*

b. *Fueron creados como iguales.*

c. *Fueron hechos inferiores a los animales.*

d. *Ninguna de estas respuestas es correcta.*

17. ¿Dónde colocó Dios a los primeros seres humanos después de crearlos?

a. *El Jardín del Edén*

b. *El Cielo*

c. *La Tierra*

d. *Monte Sinaí*

18. ¿Qué dio Dios a los primeros humanos después de crearlos?

a. *La vida eterna*

b. *El Jardín del Edén*

c. *El dominio sobre la creación*

d. *Todo lo anterior*

19. Según la tradición religiosa, ¿cuánto tiempo tardó Dios en crear a los primeros seres humanos?

a. *Un día*

b. *Tres días*

c. *Siete días*

d. *Un mes*

20. ¿Qué se dice de la posición de Adán con respecto a Eva después de la creación?

a. *Adán no era tan importante como Eva.*

b. *Eran iguales.*

c. *A él se le dio una posición de autoridad y liderazgo sobre ella.*

d. *Ninguna de estas respuestas es correcta.*

21. ¿Qué ordenó Dios a Adán y Eva que hicieran después de ser creados?

a. *Que se amaran*

b. *No comer del árbol de la ciencia del bien y del mal*

c. *Ser fecundos y multiplicarnos*

d. *Todas las anteriores*

22. ¿Quién dio nombre a todos los animales según el Génesis?

a. *Adán*

b. *Eva*

c. *Dios*

d. *La Serpiente*

EL JARDÍN DEL EDÉN

Estas preguntas pondrán a prueba sus conocimientos sobre el Jardín del Edén, el hermoso paraíso donde Dios colocó a Adán y Eva. Este jardín ha cautivado la imaginación de los eruditos, que han debatido sobre su ubicación, su aspecto y por qué Dios decidió colocar allí a sus amadas creaciones. Veamos algunas cuestiones sobre el paraíso que Dios creó.

23. ¿Quién fue el responsable de la creación del Jardín del Edén?

a. Dios

b. Adán

c. Eva

d. Satanás

24. ¿Qué tipo de árbol crecía en el centro del jardín?

a. Palmera

b. Cedro

c. Roble

d. Árbol del conocimiento del bien y del mal

25. ¿Qué prohibió Dios que comieran Adán y Eva en el Jardín del Edén?

a. Animales

b. Fruta del árbol prohibido

c. Verduras

d. Todas las anteriores

26. ¿Qué animal creó Dios para vigilar la entrada del jardín?

a. Lobo

b. León

c. Oso

d. Ninguno de los anteriores

27. ¿Cuántos ríos salen del Edén?

a. Dos

b. Tres

c. Cuatro

d. Cinco

28. Según la tradición, ¿de qué color eran los ojos de Adán cuando despertó en el Edén?

a. Azules

b. Verdes

c. Negro

d. Desconocido

29. ¿De qué árbol no debían comer Adán y Eva?

a. Árbol del conocimiento del bien y del mal

b. Árbol de la vida

c. Roble

d. Manzano

30. ¿Dónde dice la Biblia que se encuentra el Jardín del Edén?

a. Asia

b. Europa

c. África

d. No especificado

31. ¿A quién le dijo Dios que debía abandonar el jardín?

a. Adán y Eva

b. Los animales

c. Ángeles

d. Todos los anteriores

32. ¿En qué libro podemos encontrar los acontecimientos que tuvieron lugar en el Edén?

a. Génesis

b. Éxodo

c. Levítico

d. Números

33. ¿Qué colocó Dios en el Jardín del Edén para impedir que Adán y Eva alcanzaran el Árbol de la Vida?

a. Un gran río

b. Llamas

c. Mar

d. Querubines

34. ¿Qué significa "Edén" en hebreo?

a. Lugar de placer

b. Paraíso

c. Conocimiento

d. Deleite

17

EXPULSIÓN DEL JARDÍN DEL EDÉN

La expulsión de los humanos del Jardín del Edén es un momento importante en la Biblia, ya que marca el momento en que la humanidad fue desterrada del paraíso debido a su desobediencia. En este capítulo, explorará muchas cuestiones relacionadas con este acontecimiento, como lo que Dios dijo a Adán y Eva sobre el árbol de la ciencia del bien y del mal y quién tentó a Adán y Eva.

35. ¿Qué les dijo Dios a Adán y Eva sobre el árbol de la ciencia del bien y del mal?

a. Coman de él libremente.

b. Tócalo como quieras.

c. Córtelo.

d. No lo coma ni lo toque.

36. ¿Cómo se introdujo el pecado en la humanidad?

a. A través de la desobediencia al mandamiento de Dios

b. Al matar Adán a Eva

c. Escogiendo el tipo equivocado de fruta

d. Negándose a adorar ídolos

37. ¿Quién tentó a Adán y Eva en el Jardín del Edén?

a. Un castor

b. Un ángel

c. Una serpiente

d. Nadie; fueron tentados por ellos mismos.

38. Según el Génesis, ¿cómo castiga Dios a la serpiente?

a. La mata.

b. La echa del Edén.

c. Lo maldice obligándolo a arrastrarse sobre su vientre y a comer polvo.

d. Ninguna de las anteriores.

39. ¿Qué se pusieron Adán y Eva después de ser expulsados del Jardín del Edén?

a. *Abrigos de pieles*
b. *Túnicas tejidas por ángeles*
c. *Prístinas vestiduras blancas*
d. *Nada, estaban desnudos*

40. ¿Cuánto tiempo duró la estancia de Adán y Eva en el Jardín del Edén antes de su expulsión?

a. *Sin especificar*
b. *Tres semanas*
c. *Cuarenta días*
d. *Nueve meses*

41. Después de ser desterrado del paraíso, ¿qué hizo Dios para protegerlo?

a. *Construyó un muro impenetrable a su alrededor.*
b. *Creó criaturas feroces para guardarlo.*
c. *Colocó ángeles a su entrada.*
d. *Destruyó el jardín.*

42. ¿Qué tipo de fruta se les prohibió comer a Adán y Eva?

a. *Manzana*
b. *Naranja*
c. *Pera*
d. *Desconocido*

43. ¿Por qué se escondieron Adán y Eva cuando oyeron a Dios caminando por el jardín?

a. Estaban avergonzados.

b. Querían gastarle una broma.

c. Temían su ira.

d. No sabían quién era.

44. ¿Qué sucedió después de que Adán y Eva comieron el fruto prohibido?

a. Sus ojos se abrieron al conocimiento.

b. Se volvieron mortales.

c. Fueron expulsados del Jardín del Edén.

d. Todas las anteriores.

45. ¿Cuánto tiempo estuvieron Adán y Eva desterrados del paraíso después de comer el fruto prohibido?

a. Para siempre

b. Cuarenta días

c. Tres semanas

d. Un día

46. Después de ser expulsados, ¿qué fue lo que cambió para Adán y Eva?

a. Se volvieron mortales.

b. Ya no podían hablar con los animales.

c. No podían tener hijos.

d. Todas las anteriores.

EL LINAJE DE ADÁN Y EVA

En esta sección, explorará la genealogía de Adán y Eva. Ponga a prueba sus conocimientos respondiendo a preguntas triviales sobre sus hijos e hijas, nietos y nietas, etc., a medida que avanza por su árbol genealógico. ¿Está preparado? ¡Empecemos!

47. ¿Cuántos hijos tuvieron Adán y Eva?

a. Dos
b. Tres
c. Cuatro
d. Cinco

48. ¿Cómo se llamaba el primogénito de Caín?

a. Abel
b. Enoc
c. Seth
d. Mahalaleel

49. ¿Quién era el hijo de Enoc?

a. Noé
b. Lamech
c. Sem
d. Irad

50. ¿Quién era el padre de Abraham?

a. Adán
b. Taré
c. Noé
d. Josué

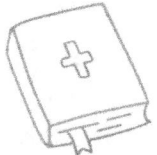

51. ¿Quiénes eran los padres de Isaac?

a. Abraham y Agar

b. Abraham y Sara

c. Adán y Lilith

d. Jacob y Rebeca

52. ¿Cuál era el nombre de la esposa de Esaú?

a. Raquel

b. Lea

c. Zilpah

d. Mahalath

53. ¿Cuál era la ocupación de Booz?

a. Terrateniente

b. Tabernero

c. Alfarero

d. Médico

54. ¿Cuántos hijos con nombre tuvo David según la Biblia?

a. Uno

b. Diecinueve

c. Doce

d. Catorce

55. ¿Quién era la madre de Salomón?

a. Mical

b. Jezabel

c. Betsabé

d. Rahab

56. ¿Quién en la línea genealógica de Jesús tuvo más de una esposa?

a. El rey David

b. Roboam

c. Salomón

d. Todos los anteriores

57. ¿Cuál era el nombre del padre terrenal de Jesús?

a. José

b. Jacob

c. Judá

d. Zacarías

58. ¿Quiénes eran los padres de Juan el Bautista?

a. Isabel y Zacarías

b. María y José

c. Rut y Booz

d. Sara y Abraham

59. ¿Cuántos hijos tuvo Jacob con Lea?

a. Cinco
b. Siete
c. Seis
d. Ocho

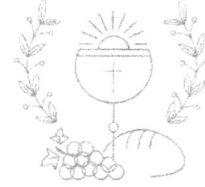

60. ¿Quién era el padre de Raquel?

a. Labán
b. Isaac
c. Esaú
d. Rubén

61. ¿Qué personaje bíblico se casó a la vez con dos hermanas como esposas?

a. Simeón
b. Levi
c. Jacob
d. Judá

62. ¿Cuál es el nombre del hijo menor de Noé?

a. Shem
b. Jafet
c. Cam
d. Enoc

63. ¿Cómo se llamaba la hija de Saúl?

a. Abigail

b. Mical

c. Mirabel

d. Tamar

64. ¿Quién era el padre de Ezequías?

a. Acaz

b. Salomón

c. David

d. Roboam

NOÉ Y EL DILUVIO UNIVERSAL

¡Responda a las preguntas sobre Noé y el Diluvio Universal! En este capítulo pondremos a prueba sus conocimientos sobre uno de los relatos más importantes de la historia bíblica. Explorará preguntas sobre a quién se permitió entrar en el arca y los materiales utilizados para construirla. Así que, ¡sumérjase en estas preguntas de trivialidades y descubra cuánto sabe sobre el viaje de Noé!

65. ¿Cuánto tiempo llovió durante el diluvio universal?

a. *Siete días y siete noches*
b. *Cuarenta días y cuarenta noches*
c. *Veinticuatro horas seguidas*
d. *Treinta días y treinta noches*

66. ¿Qué animales no podían embarcar con Noé?

a. *Aves*
b. *Reptiles*
c. *Roedores*
d. *Ninguno de los anteriores*

67. ¿Quién le habló a Noé de la próxima destrucción de Dios?

a. *Satanás*
b. *Un profeta*
c. *Su padre*
d. *Dios*

68. ¿Cuántos animales de cada especie fueron en el arca con Noé?

a. *Diez*
b. *Dos*
c. *Veinte*
d. *Cuarenta*

69. ¿De qué le dijo Dios a Noé que construyera el arca?

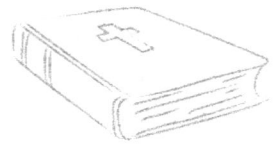

a. Cedro y ciprés

b. Pino y roble

c. Roble y arce

d. Madera de topo

70. ¿Cuántos días después de entrar en el arca empezó a llover?

a. Cinco días

b. Siete días

c. Diez días

d. Catorce días

71. ¿Por qué Dios le ordenó a Noé que llevara siete parejas de algunos animales al arca?

a. Para asegurarse de que cada animal tuviera las mismas posibilidades de sobrevivir

b. Para proporcionar suficiente comida a la familia de Noé durante su viaje

c. Para sacrificarlos como ofrenda a Dios

d. Para fines de cría más adelante

72. ¿Qué mensaje de Dios predicó Noé antes de entrar en el arca?

a. Arrepentíos de vuestros pecados o seréis destruidos.

b. Aléjense de los malos caminos.

c. Amaos los unos a los otros.

d. Ninguna de las anteriores.

73. ¿Qué hicieron Noé y su familia después de salir del arca?

a. Construir un altar a Dios

b. Regresaron a casa

c. Se aventuró a salir en busca de comida

d. Permaneció a bordo hasta recibir nuevas instrucciones

74. ¿Cuál fue la primera ave que Noé envió fuera del arca durante su viaje?

a. Paloma

b. Cuervo

c. Periquito

d. Petirrojo

75. ¿En qué cima de montaña aterrizó finalmente el arca?

a. El monte Ararat

b. El monte Everest

c. Monte Sinaí

d. Monte Olimpo

76. ¿Qué hizo Noé después de que las aguas de la inundación retrocedieran?

a. Viajó por el mundo

b. Se convirtió en granjero

c. Se hizo constructor naval

d. Sin especificar

77. **¿Cuándo tuvo lugar el acontecimiento conocido como el Gran Diluvio que algunos eruditos creen que tuvo lugar?**

a. *5000 AEC*

b. *8000 AEC*

c. *10.500 AEC*

d. *12.000 AEC*

78. ¿Qué le prometió Dios a Noé después del diluvio?

a. *Que nunca volvería a enviar tal castigo*

b. *Darle riquezas a él y a su familia*

c. *Que se le recordara para siempre*

d. *Todas las anteriores*

79. ¿A quién más se le permitió entrar en el arca con Noé?

a. *Miembros de la familia*

b. *Extranjeros*

c. *Amigos de su pueblo*

d. *Sirvientes que contrató para el viaje*

LA TORRE DE BABEL

La Torre de Babel es una historia de gran ambición y fracaso. En esta sección, exploraremos cuestiones sobre lo que ocurrió con la Torre de Babel, así como su propósito y consecuencias. Profundicemos en este famoso relato bíblico y descubramos algunas curiosidades fascinantes.

80. ¿Dónde estaba situada la Torre de Babel según la Biblia?

a. Atenas

b. Jerusalén

c. Shinar

d. Roma

81. ¿Cuál fue el propósito de la construcción de la Torre de Babel?

a. Crear una ciudad con muchas lenguas y culturas

b. Construir un observatorio astronómico para observar las estrellas y los planetas en el cielo

c. Para hacerse un nombre alcanzando el cielo

d. Para adorar a Dios desde lo alto de una torre

82. Según la Biblia, ¿quién inició la construcción de la Torre de Babel?

a. Nimrod

b. Noé

c. Abraham

d. Ninguno de los anteriores

83. ¿Cuál fue el resultado de la construcción de la Torre de Babel?

a. Dios confundió el lenguaje de la gente para que hablaran diferentes lenguas.

b. Los constructores alcanzaron el cielo.

c. Todo el pueblo adoptó una sola lengua.

d. La gente se hizo más rica.

84. ¿Qué lengua hablaba la gente antes de que intentaran construir la Torre de Babel?

a. *Inglés*
b. *Hebreo*
c. *Babilónico*
d. *No especificado.*

85. ¿Qué pensó Dios de la Torre de Babel?

a. *Le gustó.*
b. *Le pareció divertida.*
c. *Lo desaprobó.*
d. *Le era indiferente.*

86. ¿Quién dispersó a las personas que trabajaban en la Torre de Babel?

a. *El faraón*
b. *Nimrod*
c. *Moisés*
d. *Dios*

87. ¿Qué libro de la Biblia menciona la Torre de Babel?

a. *Éxodo*
b. *Génesis*
c. *Números*
d. *Salmos*

88. ¿Qué hizo Dios cuando vio lo alto que habían construido la torre?

a. Los alabó.

b. La destruyó.

c. Los protegió.

d. Intervino para detenerlos.

89. ¿Quién dijo: "Venid, bajemos y confundamos allí su lengua"?

a. El faraón

b. Un ángel

c. Moisés

d. Dios

ABRAHAM Y SU FAMILIA

Responda a las preguntas sobre la asombrosa historia de Abraham y su familia. Desde la vocación de Abraham hasta la increíble fidelidad de Sara, esta sección está llena de fascinantes preguntas de trivialidades que pondrán a prueba sus conocimientos.

90. ¿Cuál era la profesión de Abraham antes de seguir a Dios?

a. Pastor

b. Carpintero

c. Cantero

d. No se menciona.

91. ¿Quién era la madre de Ismael, el primogénito de Abraham?

a. Sara

b. Agar

c. Raquel

d. Lea

92. ¿Cuántos hijos nacieron de Sara y Abraham en el Génesis?

a. Uno

b. Dos

c. Ninguno

d. Tres

93. ¿Qué le dijo Abraham a Isaac antes de sacrificarlo a Dios?

a. "Dios proveerá el cordero para su propio sacrificio".

b. "Eres mi único hijo y te quiero mucho".

c. "No temas; yo estoy aquí contigo".

d. "Hagamos un pacto con Dios".

94. ¿Qué le dijo Sara a Abraham que hiciera con Agar e Ismael?

a. Matarlos a los dos.

b. Dejar que se quedaran.

c. Que se vayan.

d. Ofrecer a Ismael como sacrificio a Dios.

95. ¿Cuál de estos fue el pacto que Dios hizo con Abraham?

a. Una promesa de no volver a actuar con maldad

b. Que sería el escudo y protector de Abraham

c. Que le haría padre de muchos hijos

d. Que le haría ganar grandes riquezas

96. ¿Cuál es el significado de Melquisedec?

a. Era un ángel enviado por Dios para bendecir a Abraham.

b. Proporcionó pan y vino como regalos para Abraham.

c. Dio pan y vino como ofrendas a Dios.

d. Era rey cuando Abraham regresó victorioso de la batalla.

97. ¿Qué edad tenía Sara cuando dio a luz a Isaac?

a. Setenta y cinco años

b. Sesenta y cinco años

c. Noventa años

d. Veinte años

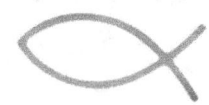

98. ¿Quién sugirió dar la sierva Agar a Abraham para que pudiera tener un hijo con ella?

a. Dios

b. El faraón

c. El siervo

d. Sarah

99. ¿Adónde se trasladaron Abraham y su familia después de salir de Harán?

a. Egipto

b. Israel

c. Canaán

d. Ir

100. ¿Qué significa el nombre "Sara" en hebreo?

a. Belleza

b. Hija

c. Princesa de las naciones

d. Bendición de Dios

101. ¿Cómo respondió Sara a la promesa de Dios de tener un hijo?

a. Se alegró mucho.

b. Se rio con incredulidad.

c. Lloró.

d. Permaneció en silencio.

102. ¿Qué les dio el faraón a Abraham y a Sara porque Sara era tan hermosa?

a. Sirvientes

b. Ganado

c. Todos los anteriores

d. Ninguna de las anteriores

103. ¿Qué edad tenía Abraham cuando partió hacia Canaán?

a. Cincuenta años

b. Cuarenta años

c. Treinta años

d. Setenta y cinco años

104. ¿Dónde murió Sara?

a. Belén

b. Canaán

c. Egipto

d. Beersheba

105. ¿De qué nación fue antepasado Ismael?

a. Judíos

b. Egipcios

c. Asirios

d. Árabes

106. ¿Cuál era la ocupación de la madre de Ismael?

a. *Una esclava de Egipto*

b. *Una agricultora*

c. *Un ángel*

d. *Una mujer cananea*

107. ¿Qué edad tenía Abraham cuando tuvo a Ismael?

a. *75 años*

b. *85 años*

c. *95 años*

d. *105 años*

108. ¿Dónde vivió la madre de Ismael después de irse con su hijo?

a. *Egipto*

b. *El desierto de Parán*

c. *Galaad*

d. *Canaán*

109. ¿Cuántos hijos tenía Ismael cuando murió?

a. *Doce hijos*

b. *Cero hijos*

c. *Catorce hijos*

d. *Siete hijos*

110. ¿Quién le dijo a la madre de Ismael dónde encontrar agua para ella y su bebé mientras vagaban por el desierto?

a. *Un ángel*

b. *Sara*

c. *Abraham*

d. Dios

ISAAC, EL HIJO DE ABRAHAM

En este capítulo, exploraremos las historias bíblicas relacionadas con Isaac. Pondremos a prueba sus conocimientos sobre estos asombrosos relatos, desde qué ofrenda se presentó cuando Abraham dedicó a su hijo hasta cuántos camellos se enviaron de vuelta con la criada de Rebeca. Comencemos nuestro viaje para comprender mejor el nacimiento de uno de los hijos más queridos de Dios.

111. ¿Con quién había acordado Abraham la tierra en la que estaría el lugar de nacimiento de Isaac?

a. Abimelec

b. Isaac

c. Esaú

d. Jacob

112. ¿Dónde estaba el lugar donde Abraham estuvo a punto de sacrificar a su hijo?

a. Moriah

b. Jehová Jireh

c. Beersheba

d. Hebrón

113. ¿A quién le ordenó Dios que llevara a Isaac de viaje?

a. Sara

b. Agar

c. Ismael

d. Abraham

114. ¿Qué significa "Isaac"?

a. Risa alegre

b. Uno que es elegido por Dios

c. El que será grande

d. El hombre virtuoso

115. ¿Quién fue enviado con Abraham e Issac en su viaje?

a. Ángeles

b. Siervos

c. Animales

d. Nadie

116. ¿Quién se casó con Isaac?

a. Rebeca

b. Sara

c. Esther

d. Ninguna de las anteriores

117. ¿Cuántos camellos mandó Abraham con un criado a buscar a Rebeca?

a. Cinco camellos

b. Diez camellos

c. Quince camellos

d. Veinte camellos

118. ¿Quién fue enviado por Dios para advertir a Abimelec y evitar que dañara a Isaac?

a. Un ángel

b. Un profeta

c. Dios apareció en un sueño

d. Un siervo

119. ¿Qué edad tenía Abraham cuando tuvo a Isaac?

a. Cien años

b. Ochenta años

c. Sesenta años

d. Cuarenta años

120. ¿Qué tipo de parcela funeraria compró Isaac para su padre Abraham después de su muerte?

a. Una cueva en el desierto de Macpela

b. Un campo cerca de Betel

c. El Jardín del Edén

d. Galaad

121. ¿Qué animal fue provisto por Dios como sacrificio sustituto para Isaac?

a. Cabra

b. Oveja

c. Carnero

d. Vaca

122. ¿Qué le dijo un ángel a Abraham antes de que ofreciera el sacrificio sustituto por Isaac?

a. "No pongas una mano sobre el muchacho".

b. "Toma a tu hijo, tu único hijo".

c. "Yo te proporcionaré un cordero".

d. "Este es mi hijo amado en quien tengo complacencia".

123. ¿Qué dijo Dios después de ver que Abraham tenía fe en sus instrucciones respecto al sacrificio de Isaac?

a. "Has hecho lo que es justo ante mis ojos".
b. "Me has demostrado tu fidelidad".
c. "Estoy muy complacido contigo".
d. "Ahora sé que temes a Dios".

124. ¿Qué significa la historia del sacrificio de Isaac en términos de creencias religiosas?

a. El poder y la gloria de Dios
b. La fuerza en los lazos familiares
c. La obediencia hacia las figuras de autoridad
d. La reverencia por la vida, incluso por los animales

125. ¿Cuántos días tardaron Abraham e Isaac en llegar a la montaña?

a. Tres días
b. Siete días
c. Diez días
d. Catorce días

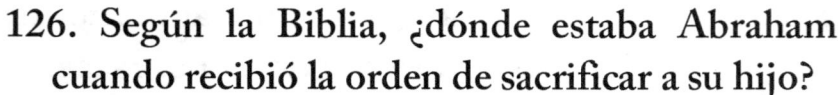

126. Según la Biblia, ¿dónde estaba Abraham cuando recibió la orden de sacrificar a su hijo?

a. Siquem
b. Hebrón
c. Roma
d. Salem

JACOB, ESAÚ Y RAQUEL

Viva la épica saga de Jacob, Esaú y Raquel en esta sección. A través de estas preguntas, conocerá sus luchas y triunfos mientras intentan cumplir una profecía divina que daría forma a los acontecimientos durante milenios. ¡A ver si puede responder correctamente a cada pregunta!

127. Según la Biblia, ¿a cambio de qué vendió Esaú su primogenitura?

a. Un tazón de estofado

b. Dinero y bienes de la casa de Labán

c. El cordero primogénito del rebaño de Jacob

d. Monedas de oro del tesoro de Abraham

128. ¿Cómo se llamaba el segundo hijo de Isaac y Rebeca?

a. Leví

b. Rubén

c. Jacob

d. Esaú

129. ¿Quién le dijo a Rebeca que daría a luz a dos hijos que serían rivales?

a. Gabriel

b. Pedro

c. Moisés

d. Dios

130. ¿Por qué era tan importante para Jacob recibir la bendición de su padre?

a. Para bendecir a sus hijos

b. Para recibir la herencia familiar

c. Para tener una posición más elevada en la comunidad

d. Para protegerse de la ira de Esaú

131. ¿Qué hizo Rebeca para que Jacob pudiera obtener la bendición de su padre?

a. *Ella le mintió a Isaac acerca de quien estaba pidiendo la bendición.*

b. *Ella le pidió ayuda a Dios.*

c. *Ella oró fervientemente.*

d. *Ella engañó a Esaú para que se fuera.*

132. ¿Con qué soñó Jacob?

a. *Lo lejos que había llegado en su viaje*

b. *Ángeles que subían y bajaban por una escalera*

c. *Acontecimientos futuros*

d. *Abraham llevando a su hijo para ser sacrificado*

133. ¿Cuántos años trabajó Jacob para Labán antes de casarse con Raquel?

a. *Siete años*

b. *Diez años*

c. *Catorce años*

d. *Veinte años*

134. ¿Quién engañó a Isaac para que diera la bendición a Jacob en lugar de a Esaú?

a. *Rebeca y Jacob*

b. *Lea*

c. *Esaú*

d. *Jacob*

135. ¿Qué hizo Esaú cuando se dio cuenta de que Jacob lo había engañado para quitarle su bendición?

a. *Amenazó con matar a Jacob.*
b. *Lloró amargamente.*
c. *Suplicó el perdón de Isaac.*
d. *Maldijo a Dios y renegó de su nombre.*

136. ¿Cómo intentó Rebeca proteger a Jacob de la ira de Esaú?

a. *Ella le aconsejó que huyera a Labán.*
b. *Ella oró mucho por su protección contra la ira de Esaú.*
c. *Ella le dio armas para protegerse.*
d. *Ella le contó al pueblo sobre la ira de Esaú.*

137. ¿Cuántas esposas tuvo Jacob durante su vida?

a. *Una esposa*
b. *Dos esposas*
c. *Tres esposas*
d. *Cuatro esposas*

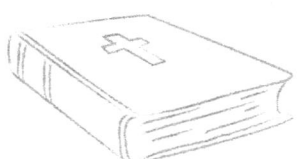

138. ¿Cómo respondió Raquel cuando su padre le preguntó quién había robado sus ídolos?

a. *Ella lo negó.*
b. *Confesó que los había cogido.*
c. *Le suplicó que la perdonara.*
d. *Ella se ofreció a pagarle de alguna manera.*

139. ¿Dónde murió Jacob?

a. Egipto
b. Harán
c. Monte Moriah
d. Beersheba

140. ¿En qué se convirtieron los doce hijos de Jacob?

a. Acróbatas
b. Los padres de las doce tribus de Israel
c. Terratenientes ricos
d. Maestros

JOSÉ Y SU VIAJE

El viaje de José es una historia de fe, resistencia, valor y guía divina. En esta sección, exploraremos cuestiones sobre momentos cruciales que moldearon el destino de José, como lo que le llevó a ser vendido como esclavo.

141. ¿Cómo se llama el padre de José?

a. Jacob
b. Judá
c. Abraham
d. Isaac

142. ¿Por qué los hermanos de José lo vendieron como esclavo?

a. Estaban disgustados porque José no se bañaba.
b. Estaban celosos de José.
c. Estaban cansados de oír quejarse a José.
d. Estaban aburridos.

143. ¿Qué le hicieron los hermanos a José antes de venderlo como esclavo?

a. Lo arrojaron a una cisterna
b. Le robaron su hermosa túnica
c. Tanto A como B
d. Ninguna de las anteriores

144. ¿Qué edad tenía José cuando se convirtió en la mano derecha del faraón?

a. Dieciséis años
b. Veinte años
c. Treinta años
d. Cuarenta años

145. ¿En qué país se desarrolla la mayor parte de la historia de José?

a. Egipto

b. Israel

c. Grecia

d. Italia

146. ¿Cuántos hijos tuvo José durante su estancia en Egipto?

a. Uno

b. Dos

c. Tres

d. Cuatro

147. ¿Qué hicieron los hermanos de José para conseguir comida durante la hambruna?

a. Comerciaron con ropa

b. Vendieron a otro hermano como esclavo

c. Viajó a Egipto

d. Cultivó bastante en los campos

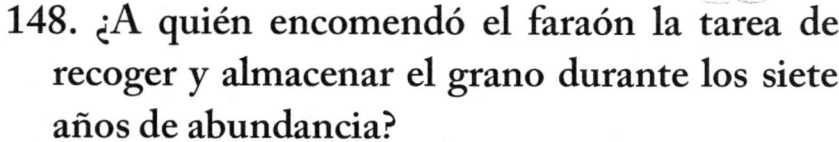

148. ¿A quién encomendó el faraón la tarea de recoger y almacenar el grano durante los siete años de abundancia?

a. Jacob

b. Los israelitas

c. Potifar

d. José

149. ¿Quién convenció al faraón de que era Dios quien le había dado a José sus habilidades para interpretar sueños?

a. Su esposa

b. Los magos

c. Sus consejeros

d. El propio José

150. ¿Cuántos sueños tuvo el faraón antes de reunirse con José para hablar de ellos?

a. Uno

b. Dos

c. Tres

d. Cuatro

151. ¿Cómo se llamaba el primer hijo de José?

a. Manasés

b. Efraín

c. Benjamín

d. Rubén

152. ¿Dónde guardó José el grano que recogió durante los siete años de abundancia?

a. En cisternas en diferentes ciudades egipcias

b. En el palacio del faraón

c. En sus propios depósitos

d. En barcos en el río Nilo

153. ¿Cuántos hermanos tenía José?

a. Cinco
b. Seis
c. Siete
d. Once

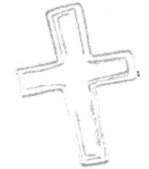

154. ¿Con quién se reunió Jacob después de veintidós años?

a. José
b. Judá
c. Benjamín
d. Isaac

155. ¿Cómo se llamaba el hijo menor de José nacido en Egipto?

a. Rubén
b. Benjamín
c. Neftalí
d. Efraín

LAS DIEZ PLAGAS DE EGIPTO

Las Diez Plagas de Egipto son un acontecimiento memorable de la Biblia. ¿Cuál fue la primera plaga? ¿Cuántos días duró la plaga de las tinieblas? ¿Y quién se libró de las plagas? Estas preguntas y otras más le esperan en esta sección.

156. ¿Cuál fue la primera plaga que Dios envió sobre Egipto?

a. Langostas

b. Oscuridad

c. Sangre en el río Nilo

d. Ranas

157. ¿Cuántos días duró la plaga de las tinieblas?

a. Tres días

b. Cinco días

c. Siete días

d. Diez días

158. ¿Cuál fue la tercera plaga?

a. Las ranas

b. Mosquitos o piojos

c. Muerte de primogénitos

d. Ninguna de las anteriores

159. ¿Qué animal se menciona como parte de la quinta plaga en Egipto?

a. Lobo

b. Pollo

c. Caballo

d. Ganado

160. ¿Quién se libró de la mayoría de las plagas?

a. Los israelitas
b. El faraón y su corte
c. Los egipcios
d. Todos los anteriores

161. ¿Cuál fue la novena plaga que Dios envió sobre Egipto?

a. Langostas
b. Forúnculos
c. Granizo
d. Oscuridad

162. ¿Cuál de estas cosas no se menciona como afectada por el granizo en el Éxodo?

a. La gente
b. Animales
c. Árboles
d. Ninguno de los anteriores

163. ¿Cuál fue la naturaleza de la décima plaga?

a. Devastación del campo
b. Muerte de ovejas y ganado
c. Lluvia de fuego
d. Muerte de todos los primogénitos egipcios

164. ¿Quién habló a Moisés al darle instrucciones para las diez plagas de Egipto?

a. Nadie

b. Dios

c. Una nube

d. La hija del faraón

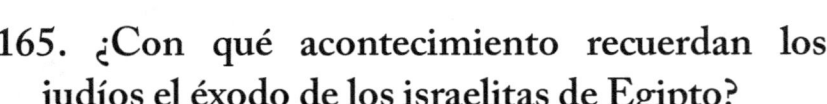

165. ¿Con qué acontecimiento recuerdan los judíos el éxodo de los israelitas de Egipto?

a. Yom Kippur

b. Pascua

c. Shavuot

d. Sucot

166. ¿A quién ordena el faraón que se le perdone su orden de matar a todos los recién nacidos hebreos?

a. A las hijas hebreas recién nacidas

b. Su hijo primogénito

c. Los recién nacidos de familias ricas

d. Ninguno de los anteriores

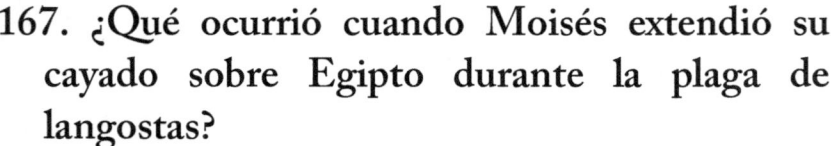

167. ¿Qué ocurrió cuando Moisés extendió su cayado sobre Egipto durante la plaga de langostas?

a. Aparecieron las langostas.

b. Dios envió un ángel.

c. Dios hizo soplar el viento.

d. Hubo fuertes lluvias.

168. ¿Qué animal fue utilizado como sacrificio por los israelitas durante la décima plaga?

a. Un cordero

b. Una cabra

c. Un buey

d. Un águila

EL ÉXODO

El Éxodo narra el milagroso viaje de Moisés y los israelitas para salir de la esclavitud en Egipto. ¿Quién dijo: "Deja ir a mi pueblo"? ¿Qué le ocurrió al faraón cuando siguió a los israelitas hasta el mar Rojo? Descubra muchas más preguntas de trivialidades sobre este importante acontecimiento bíblico.

169. ¿Cómo se llamaba el hermano de Moisés?

a. *Aarón*

b. *Isaac*

c. *Jacob*

d. *Joseph*

170. ¿Cómo murió el faraón?

a. *Muerto en batalla por los israelitas*

b. *En un accidente mientras viajaba con su familia a un nuevo reino*

c. *Al ahogarse en el mar Rojo después de que Dios lo separara para Moisés y su pueblo*

d. *De viejo después de vivir una larga vida*

171. ¿Quién dijo: "Deja ir a mi pueblo"?

a. *Dios*

b. *El faraón*

c. *Aarón*

d. *Moisés*

172. ¿Quién condujo a los israelitas fuera de Egipto?

a. *Dios*

b. *Aarón*

c. *Josué*

d. *Moisés*

173. ¿Cuándo prometió Dios a Moisés que liberaría a su pueblo de la esclavitud en Egipto?

a. Después de que las diez plagas fueran infligidas al faraón

b. Después de la experiencia de la zarza ardiente

c. Antes de que naciera Moisés

d. En un sueño

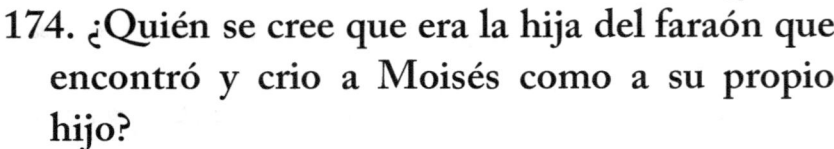

174. ¿Quién se cree que era la hija del faraón que encontró y crio a Moisés como a su propio hijo?

a. Asenath

b. Zipporah

c. Miriam

d. Bitía

175. ¿Cuánto tiempo vagaron los israelitas por el desierto hasta que llegaron al monte Sinaí?

a. Cuarenta años

b. Diez años

c. Tres días

d. Siete años

176. ¿Qué milagro realizó Dios durante el Éxodo que permitió a los israelitas cruzar el mar Rojo por tierra seca?

a. Hizo que se inundara de agua.

b. Ordenó a Moisés que lo dividiera.

c. Les dio alas para sobrevolarlo.

d. Detuvo su flujo y endureció su fondo.

177. ¿Cuántos años tenía Moisés cuando sacó a su pueblo de Egipto?

a. Ochenta años

b. Treinta años

c. Cuarenta años

d. Setenta años

178. ¿Cuántos hombres fueron sacados de Egipto durante el Éxodo?

a. 600,000

b. 6 millones

c. 60 millones

d. 1 millón

179. ¿Quién trajo agua de la roca cuando los hijos de Israel tuvieron sed en el desierto?

a. Josué

b. Aarón

c. Miriam

d. Moisés

180. ¿Qué proporcionó Dios a los israelitas para que comieran durante su viaje por el desierto?

a. Maná y codornices

b. Pescado y pan

c. Aceitunas y fruta

d. Ganado vacuno y ovino

181. ¿Cómo guio Dios a los israelitas mientras estaban en el desierto?

a. Una columna de humo

b. Una columna de nube y una columna de fuego

c. Les dio un mapa

d. Envió aves para guiar el camino.

182. ¿Qué construyeron los israelitas para adorar mientras Moisés estaba en el monte Sinaí?

a. Un toro de plata

b. Un altar

c. Un becerro de oro

d. Nada

LOS DIEZ MANDAMIENTOS

Explore los orígenes bíblicos de un conjunto de leyes que dieron forma a culturas de todo el mundo: los Diez Mandamientos. Explore cuestiones sobre este legendario conjunto de leyes, como quién las escribió y qué dicen. Prepárese mientras le llevamos de viaje en el tiempo para rastrear algunos de los primeros intentos de orden moral de la humanidad.

183. ¿Quién escribió los Diez Mandamientos?

a. Moisés

b. Aarón

c. Josué

d. Abraham

184. ¿Sobre qué fueron escritos los Diez Mandamientos?

a. Tablas de piedra

b. Papel de pergamino

c. La pared de una cueva

d. Rollos de papiro

185. ¿En qué montaña se apareció Dios cuando entregó los Diez Mandamientos a Moisés?

a. El monte Sinaí

b. La colina de Sión

c. Monte Ararat

d. Monte del Olivar

186. ¿Cuántos de los Diez Mandamientos están relacionados con la adoración de otros dioses?

a. Dos

b. Cinco

c. Seis

d. Ocho

187. ¿Cuál de los siguientes no es uno de los Diez Mandamientos?

a. Honra a tu padre y a tu madre.

b. No asesinar.

c. Haz a los demás lo que te gustaría que te hicieran a ti.

d. No adores a otros dioses.

188. ¿Cuál es el tema central de los Diez Mandamientos?

a. Permanecer leal a Dios

b. Ser un ciudadano legal

c. Asegúrese de que los niños reciben una buena educación religiosa

d. Ninguna de las anteriores

189. ¿Cuál de los siguientes pecados está prohibido por los Diez Mandamientos?

a. Robar

b. Matar a

c. Adulterar

d. Todas las anteriores

190. ¿Cuál de estos no se menciona en los Diez Mandamientos?

a. Amar al prójimo

b. Construir altares a Dios

c. Honrar a su padre y a su madre

d. Ninguna de las anteriores

191. ¿Qué quiere decir el Éxodo cuando dice: "No dirás falso testimonio contra tu prójimo"?

a. No digas mentiras sobre los demás.

b. Haz a los demás lo que quisieras que te hicieran a ti.

c. Honra a tu padre y a tu madre.

d. Apoya siempre a tu prójimo.

EL VIAJE A LA TIERRA PROMETIDA

El viaje a la Tierra Prometida es una historia fascinante llena de aventuras y desafíos. Fue una hazaña increíble, pero ¿quién la dirigió? Ésa es solo una de las preguntas que exploraremos al adentrarnos en esta parte épica de la Biblia. Así que, ¡abróchense los cinturones y empecemos!

192. ¿Quién condujo a los israelitas a la Tierra Prometida?

a. Moisés
b. Aarón
c. Elías
d. Josué

193. ¿Cuántos espías fueron enviados por Moisés para explorar Canaán antes de entrar en ella?

a. Cuatro
b. Seis
c. Doce
d. Catorce

194. ¿Cuántas tribus había en la Tierra Prometida en el momento de la entrada de los israelitas?

a. Doce tribus
b. Trece tribus
c. Catorce tribus
d. Quince tribus

195. ¿Qué río cruzaron los israelitas para entrar en la Tierra Prometida?

a. El río Nilo
b. El río Jordán
c. El río Sena
d. El río Éufrates

196. ¿Cuál fue la primera ciudad conquistada por los israelitas tras cruzar el río Jordán?

a. Hai
b. Babilonia
c. Jericó
d. Belén

197. ¿Cuántas veces dieron la vuelta a Jericó durante su marcha alrededor de ella antes de derribar sus murallas?

a. Siete días
b. Tres días
c. Cinco días
d. Nueve días

JUECES

A medida que seguimos la historia del viaje de los israelitas desde Egipto hasta la Tierra Prometida, algunos de los personajes centrales son una serie de jueces. Estos jueces fueron designados por Dios, y su tarea consistía en dirigir y proteger a su pueblo durante sus momentos más difíciles. Ponga a prueba sus conocimientos sobre los jueces con este capítulo.

198. ¿Quién es el último juez mencionado en el Libro de los Jueces?

a. Samuel

b. Gedeón

c. Jair

d. Otoniel

199. ¿Cómo mató Aod al rey Eglón de Moab?

a. Lo atacó con un cuchillo escondido bajo su manto.

b. Lo apuñaló con una lanza mientras dormía.

c. Le estranguló durante un combate de lucha libre.

d. Le engañó para que bebiera vino envenenado.

200. ¿Por qué Abimelec destruyó la ciudad de Siquem?

a. Quería castigar a su pueblo por no apoyarlo.

b. Dios se lo ordenó.

c. El pueblo insultó a su madre.

d. Quería más tierras y recursos.

201. ¿Qué prometió Jefté si derrotaba a los amonitas?

a. Una quinta parte de todas sus posesiones

b. Cien ovejas

c. Todo el oro de los templos

d. Sacrificar lo que saliera primero cuando volviera a casa

202. ¿Qué tiene de particular la familia de Ibzan?

a. Descendían de Josué.

b. Tenían sesenta hijos e hijas.

c. Poseían trescientos burros.

d. Sus siete esposas eran hermanas.

203. ¿Contra quién luchan Gedeón y sus trescientos soldados?

a. Los egipcios

b. Filisteos

c. Amonitas

d. Madianitas

204. ¿Qué tenía de particular el arma de Shamgar?

a. Era un sable de buey.

b. Tenía dos hojas.

c. Nunca necesitaba afilarse.

d. Pesaba más de cincuenta libras.

205. ¿Qué título tiene Débora en el Libro de los Jueces?

a. Profeta

b. Madre

c. Reina

d. Guerrero

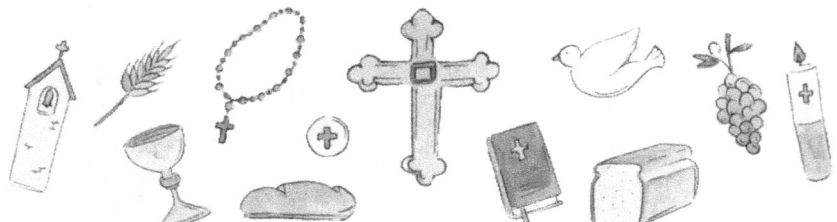

206. ¿Cómo ayuda Dios a Gedeón a derrotar a su enemigo?

a. Envía un ángel para darle valor.

b. Hace que su ejército sea más numeroso.

c. Plaga al enemigo con ranas.

d. Hace que sus espadas se vuelvan unas contra otras.

207. ¿Quién ayudó a Abimelec a convertirse en rey de Siquem?

a. El pueblo de Israel

b. Dios

c. Los filisteos

d. Su familia

208. ¿Qué le sucedió a Sansón en Gaza?

a. Fue recibido amistosamente por los lugareños.

b. Fue apresado por los filisteos.

c. Se convirtió en su juez.

d. Ninguna de las anteriores.

209. ¿A quién se le atribuye haber matado a mil hombres en un día?

a. Sansón

b. Gedeón

c. Abimelec

d. Shamgar

EL REINO DE ISRAEL Y LA MONARQUÍA UNIDA

En esta sección, exploraremos algunas preguntas apasionantes sobre uno de los periodos más influyentes de la historia judía. ¿Quién fue el padre del rey Salomón? ¿Quién escribió el Libro de los Proverbios de la Biblia? ¡Viajemos juntos para descubrir estas respuestas!

210. ¿Quién era el padre del rey Salomón?

a. Saúl

b. David

c. Jacob

d. Joseph

211. ¿Quién fue el primer rey de Israel?

a. Saúl

b. David

c. Salomón

d. Abraham

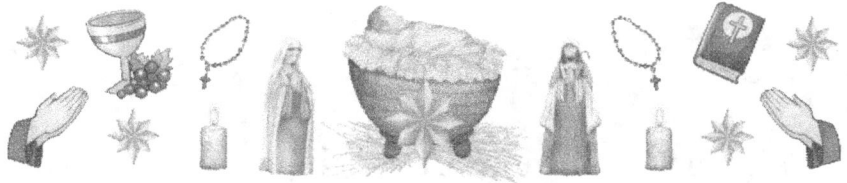

212. ¿Cuándo se convirtió David en rey de Israel?

a. Siglo IX a. C.

b. Siglo V a. C.

c. Siglo XI a. C.

d. Siglo XII a. C.

213. ¿Quién es el autor del Libro de los Proverbios de la Biblia?

a. Salomón

b. Moisés

c. Abraham

d. Isaías

214. ¿Cuántos años tardó el rey Salomón en construir su templo?

a. Diez

b. Dos

c. Veinte

d. Siete

215. ¿Quién fue el responsable de reconstruir las murallas de Jerusalén después de que fueran destruidas por Nabucodonosor?

a. Nehemías

b. Isaías

c. David

d. Elías

216. ¿Cuál es el nombre del hijo del rey David que le sucedió como rey?

a. Absalón

b. Salomón

c. Ezequías

d. Adonías

217. ¿Quién fue el primer juez de Israel?

a. Gedeón

b. Othniel

c. Déborah

d. Sansón

218. ¿Con quién tuvo que competir David para suceder en el trono tras la muerte de Saúl?

a. Jonatán

b. David

c. Salomón

d. Ish-bosheth

219. ¿Quién era el padre de Saúl antes de ser rey?

a. Abner

b. Is-boset

c. Kish

d. Booz

220. ¿Quién es el autor del Libro del Eclesiastés en la Biblia?

a. Salomón

b. Moisés

c. David

d. Isaías

221. ¿Quién de estos no fue el rey de un Israel unido?

a. Saúl

b. David

c. Salomón

d. Jeroboam

222. ¿Cuántos años duró la Monarquía Unida?

a. 120 años

b. 200 años

c. 300 años

d. 400 años

223. ¿Qué profeta ungió al rey Saúl como gobernante de todo Israel?

a. Elías

b. Eliseo

c. Samuel

d. Isaías

224. ¿Qué rey de Israel construyó un palacio en Jerusalén?

a. Saúl

b. Salomón

c. David

d. Ninguno de los anteriores

225. ¿Qué libros de la Biblia tratan del reinado del rey David?

a. Apocalipsis

b. Samuel

c. Reyes

d. Levítico

226. ¿En qué batalla murió el rey Saúl?

a. Batalla del monte Gilboa
b. Batalla de Jericó
c. Batalla de Gat
d. Batalla de Hebrón

227. ¿Cuál de los hijos del rey David intentó derrocar a su padre?

a. Salomón
b. Roboam
c. Absalón
d. Ezequías

228. ¿Cómo se llama el libro religioso que habla del reinado de Saúl?

a. Jueces
b. Salmos
c. El Cantar de los Cantares
d. Ninguna de las anteriores

229. ¿Cuál de las siguientes ciudades reconstruyó Salomón durante su reinado?

a. Jericó
b. Hazor
c. Jaffa
d. Kamon

230. ¿Qué tipo de arma le arrojó Saúl a David?

a. Lanza

b. Espada

c. Arco y flecha

d. Maza

231. ¿Cuál es el nombre de la esposa de David que le fue dada por Saúl?

a. Mical

b. Abigail

c. Betsabé

d. Ruth

232. ¿Dónde derrotó David a Goliat?

a. Jericó

b. Monte Olive

c. Valle de Elah

d. Gath

233. ¿Quién sucedió a Salomón y se convirtió en rey después de él?

a. Roboam

b. Ezequías

c. Absalón

d. Ocozías

234. ¿Cuántas esposas tuvo el rey Salomón según la Biblia?

a. Trescientas esposas

b. Quinientas esposas

c. Setecientas esposas

d. Novecientas esposas

235. ¿Quién fue el último rey de un Israel unido?

a. David

b. Salomón

c. Jeroboam

d. Ezequías

236. ¿Cuántos años reinó Saúl sobre Israel?

a. Veinte años

b. Treinta años

c. Cuarenta años

d. Cincuenta años

237. David tenía dos capitales. Una de ellas era Jerusalén. ¿Cuál era su otra capital?

a. Jericó

b. Hebrón

c. Nazaret

d. Belén

GOLIAT Y DAVID

Ahora, nos sumergiremos en algunas de las historias y reinados más famosos de Israel. En este capítulo, exploraremos la épica batalla entre Goliat y David. Responda a las preguntas sobre los personajes que participaron y las circunstancias que condujeron a uno de los momentos más conocidos de la Biblia.

238. ¿Cómo se llamaba el hermano de Goliat?

a. Abner
b. Shammah
c. Lahminia
d. Saph

239. ¿Cuántos hermanos tuvo David?

a. Cuatro
b. Siete
c. Diez
d. Doce

240. ¿Qué arma utilizó David para matar a Goliat?

a. Maza
b. Lanza
c. Arco y flecha
d. Honda

241. ¿En qué libro de la Biblia se encuentra la historia de David y Goliat?

a. Salmos
b. Jueces
c. Samuel
d. Reyes

242. ¿Cuánto medía Goliat según la Biblia?

a. Un poco más de seis codos

b. Más de dos metros

c. Exactamente nueve pies

d. Siete codos y medio

243. ¿Por quién luchó Goliat?

a. Los babilonios

b. Los egipcios

c. Los filisteos

d. Ninguno de los anteriores

244. Cuando David mató a Goliat, ¿qué hizo con su cabeza?

a. La enterró.

b. La llevó a Jerusalén.

c. Lo colgó de una pared.

d. Lo arrojó al mar.

245. ¿Qué edad tenía David cuando luchó contra Goliat?

a. Quince

b. Veinte

c. Treinta

d. No declarado

246. ¿Qué prometió el rey Saúl dar a quien matara a Goliat?

a. Una corona

b. Un palacio

c. Una túnica

d. Su hija

247. ¿Qué llevaba puesto David cuando luchó contra Goliat?

a. Una armadura de metal pesado

b. Cota de malla de bronce

c. Armadura de cuero

d. Su ropa de diario

248. ¿Dónde vivían los padres de David en el momento en que Samuel lo ungió como rey de Israel?

a. Betel

b. Belén

c. Hebrón

d. Mizpa

249. ¿Qué hizo David con la espada de Goliat?

a. La tiró.

b. La guardó.

c. Se lo dio a Samuel.

d. Lo fundió e hizo otro.

250. ¿Cuál era la ocupación de David?

a. Pastor

b. Comerciante

c. Minero

d. Ninguno de los anteriores

251. ¿Qué instrumento se dice que tocaba David?

a. Laúd

b. Lira

c. Arpa

d. Ninguna de las anteriores

252. ¿Cuántos días duró la batalla entre David y Goliat?

a. Un día

b. Tres días

c. Siete días

d. Diez días

253. ¿Qué llevó David a sus hermanos que servían en el ejército israelita cuando llegó al campo de batalla?

a. Armas

b. Noticias de Saúl

c. Ropa

d. Comida

254. ¿Cuántas piedras llevó consigo David cuando salió a luchar contra Goliat?

a. Una

b. Tres

c. Cinco

d. Siete

255. ¿Qué le dio Saúl a David para ayudarle a luchar contra Goliat?

a. La mejor espada de la tierra

b. Su armadura

c. Una poción de curación

d. Ninguna de las anteriores

SALOMÓN Y SU REINADO

Salomón era conocido por su sabiduría y riqueza. Se le atribuyen varios logros que le convirtieron en uno de los reyes más grandes de Israel. Responda a las preguntas sobre la familia de Salomón y su reinado, como el famoso juicio de Salomón sobre un bebé. ¡Acompáñenos ahora en nuestro viaje a través del reinado de Salomón!

256. ¿Cómo se llamaba el primer hijo de David nacido de Betsabé?

a. Natán

b. Roboam

c. Amnón

d. Salomón

257. ¿Qué edad tenía el rey David cuando murió en Jerusalén, dando paso a Salomón para convertirse en rey?

a. Setenta años

b. Treinta años

c. Ochenta años

d. Cuarenta años

258. ¿Qué dictaminó Salomón en el famoso juicio sobre un bebé?

a. El bebé debía ser dado en adopción.

b. El bebé debería ser partido por la mitad.

c. El bebé debería morir.

d. El bebé debería permanecer en el palacio.

259. ¿Qué le ocurrió al bebé en ese juicio?

a. Fue partido por la mitad.

b. Se fue a casa con su legítima madre.

c. Se quedó en el palacio con Salomón.

d. Ninguna de las anteriores.

260. ¿Quién ayudó a Salomón a construir el Primer Templo de Jerusalén?

a. Moisés

b. Hiram

c. David

d. Abraham

261. ¿Qué regaló la reina de Saba al rey Salomón cuando le visitó?

a. Oro

b. Joyas

c. Especias

d. Todas las anteriores

262. ¿Qué dice la Biblia que hizo que Dios se enfadara tanto con Salomón que le quitó la mayor parte de su reino después de su muerte?

a. Adoraba a otros dioses.

b. Descuidó a su pueblo.

c. Ignoró las advertencias proféticas.

d. Se negó a construir templos en Jerusalén.

263. ¿Qué profeta advirtió al rey Salomón que no se casara con mujeres extranjeras ni adorara a sus falsos dioses?

a. Elías

b. Eliseo

c. Isaías

d. Ahías

264. ¿Qué fue lo primero que construyó Salomón en Jerusalén?

a. El Templo
b. El palacio
c. La muralla
d. Las casas

265. ¿Cuántos años reinó el rey Salomón?

a. Veinte años
b. Cuarenta años
c. Diez años
d. Treinta años

266. ¿Qué tipo de trabajo se imponía al pueblo durante el reinado del rey Salomón?

a. El servicio militar
b. Trabajo agrícola
c. Proyectos de construcción
d. Todos los anteriores

267. Según la tradición, ¿quién escribió el Cantar de los Cantares?

a. David
b. Moisés
c. Isaías
d. Salomón

268. ¿Quién dirigió un ejército contra Jerusalén cuando se negaron a pagar los impuestos establecidos por el rey Salomón?

a. Los egipcios

b. Los amonitas

c. Los filisteos

d. Ninguno de los anteriores

269. ¿En qué año se cree que comenzó la construcción del templo?

a. 967 A. C.

b. 1000 AEC

c. 837 AEC

d. 722 AEC

270. ¿Qué reina vino a visitar a Salomón durante su reinado?

a. La reina de Egipto

b. La reina de los filisteos

c. La reina de Saba

d. Ninguna de las anteriores

271. ¿Cuál consta como uno de los mayores atributos del rey Salomón?

a. Su sabiduría

b. Su voto de pobreza

c. Su fuerza

d. Su voto de castidad

272. ¿Cuál es el nombre que se dio al Templo de Salomón tras su reconstrucción en el año 516 a. C.?

a. *Templo de Salomón*
b. *El Templo de Jerusalén*
c. *El Segundo Templo*
d. *El Palacio de Salomón*

273. ¿Qué pidió el rey Salomón a Dios para gobernar su reino con justicia y sabiduría?

a. *Riquezas*
b. *Fuerza*
c. *Poder*
d. Sabiduría

ROBOAM Y EL REINO DIVIDIDO

Este capítulo examina los acontecimientos que siguieron al ascenso de Roboam al trono de Judá tras la muerte de su padre. Explica cómo enfureció al pueblo de Israel. En este capítulo se revelan muchos datos interesantes sobre este periodo. ¡Prepárese para explorar a Roboam y el reino dividido!

274. ¿Qué hizo Roboam para enfurecer al pueblo de Israel y hacer que se rebelara contra él?

a. Rechazó su petición de impuestos más ligeros
b. Comenzó a adorar ídolos
c. Nombraron gobernantes malvados
d. Se alió con Egipto

275. ¿Qué nombre dio Jeroboam a su nuevo reino después de rebelarse contra Roboam?

a. Judá
b. Benjamín
c. Efraín
d. Israel

276. ¿Quién intervino para impedir que estallara un conflicto entre Jeroboam y Roboam?

a. Semaías
b. Samuel
c. David
d. Nathan

277. ¿Quién fue el primer rey de Israel después de que se separara de Judá?

a. Jeroboam
b. Ocozías
c. Salomón
d. Roboam

278. ¿Qué estableció Jeroboam para alejar a la gente de la adoración a Dios en Jerusalén?

a. Falsos profetas

b. Ídolos

c. Templos

d. Altares

279. ¿Quién le dijo a Roboam que escuchara lo que quería el pueblo y redujera su carga?

a. Natán

b. Elías

c. Samuel

d. Los ancianos

280. ¿Quién fue el rey de Judá después de la muerte de Roboam?

a. Abías

b. Asa

c. Azarías

d. Jedidiah

281. ¿Quién era el hijo de Roboam?

a. Abías

b. Asa

c. Azarías

d. Jeroboam

282. ¿Cuánto tiempo reinó Jeroboam sobre Israel?

a. Dos años

b. Diez años

c. Algo más de veinte años

d. Cuarenta años

283. ¿Cuántas tribus había en total en ambos reinos después de su división?

a. Cinco

b. Seis

c. Diez

d. Doce

284. ¿Quién fue el rey de Judá después de la muerte de Abías?

a. Asa

b. Azarías

c. Jedidiah

d. Jeroboam

285. ¿Qué le prometió Dios a Jeroboam si le obedecía?

a. Lo haría gobernante de todo Israel.

b. Protegería su reino de los enemigos.

c. Le concedería una dinastía duradera.

d. Le devolvería su riqueza.

286. ¿De qué era culpable Jeroboam?

a. De cometer adulterio

b. Matar a gente inocente cuando era rey

c. Adorar ídolos

d. Ninguna de las anteriores

287. ¿Qué profeta maldijo al rey Jeroboam con la lepra por su idolatría?

a. Ahías

b. Eliseo

c. Samuel

d. Isaías

ELÍAS

Este capítulo se centra en el profeta bíblico Elías, una de las figuras más destacadas del Antiguo Testamento. Como mensajero de Dios, Elías se enfrentó a muchos reyes y gobernantes que ignoraron sus advertencias sobre su maldad. También realizó numerosos milagros para demostrar el poder de Dios sobre los falsos dioses y profetas. Le haremos preguntas sobre su sucesor, lo que hizo para demostrar el poder de Dios en el monte Carmelo, ¡y mucho más!

288. ¿Cuál es el nombre del padre de Elías?

a. Zacarías

b. Eliseo

c. Ahab

d. No está establecido.

289. ¿Qué hizo Elías para mostrar el poder de Dios sobre los profetas de Baal?

a. Los derrotó en batalla.

b. Los desafió a una carrera a pie.

c. Profetizó lluvia tras años de sequía.

d. Invocó fuego del cielo.

290. ¿Cuál es el nombre del sucesor y alumno de Elías?

a. Jehú

b. Eliseo

c. Amós

d. Isaías

291. ¿Adónde va Elías cuando huye de la reina Jezabel?

a. Egipto

b. Beersheba

c. Jerusalén

d. Monte Olimpo

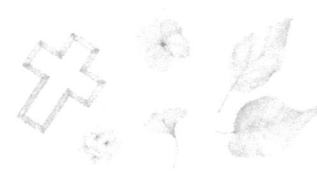

292. ¿Qué ocurrió en el monte Horeb (Sinaí), donde Elías fue a refugiarse después de huir de la reina Jezabel?

a. El Señor apareció en forma de viento, terremoto y fuego.

b. Se encontró con un ángel que le dio comida y bebida.

c. Recibió instrucciones de regresar y ungir a Hazael como rey.

d. Todas las anteriores.

293. ¿Qué fue lo primero que hizo Elías cuando salió del monte Horeb?

a. Ungió a Eliseo para que fuera su sucesor

b. Se enfrentó al rey Acab

c. Desafió a los profetas de Baal

d. Profetizó la lluvia después de años de sequía

294. ¿Cómo dividió Elías las aguas del río Jordán?

a. Oró a Dios y se abrió un camino en el río.

b. Utilizó piedras para construir una presa.

c. La golpeó con su bastón.

d. Ninguna de las anteriores.

295. ¿Cuál era el nombre de la viuda que proporcionó hospitalidad a Elías durante un tiempo de sequía?

a. Samantha

b. Ruth

c. Jessica

d. La viuda de Sarepta

296. ¿Cómo ascendió Elías al cielo?

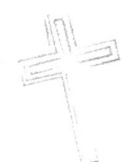

a. En el carro de un ángel

b. Por sí mismo en fuego y humo

c. Volando en alas de águila

d. En un torbellino

297. ¿Qué le pidió Eliseo a Elías antes de subir al cielo?

a. Que se quedara con él

b. Dirigir a los profetas de Baal

c. Heredar una doble porción de su espíritu

d. Por toda la sabiduría del mundo

298. ¿Dónde probó Elías el poder de Dios sobre los profetas de Baal?

a. El Monte Sinaí

b. El Monte Carmelo

c. En un río

d. Ninguna de las anteriores

299. ¿Qué tenía de significativo el manto que se desprendió de los hombros de Elías cuando ascendió al cielo?

a. Era indestructible.

b. Era invisible.

c. Otorgaba a su portador poderes milagrosos.

d. Fue recogido por Eliseo.

300. ¿Quién apareció con Elías durante la transfiguración de Jesús según el Nuevo Testamento?

a. Un ángel

b. Moisés

c. Samuel

d. Eliseo

ELISEO

Este capítulo trata de la vida de Eliseo, un profeta que sucedió a Elías como mensajero de Dios. Nos haremos preguntas sobre algunos de sus milagros y sobre lo que ocurrió después de que se burlaran de él. Recuerde que las respuestas a las preguntas se encuentran al final del libro.

301. ¿Cuál fue el primer milagro que realizó Eliseo cuando sucedió a Elías como profeta?

a. La curación de la lepra de Naamán

b. La purificación del agua de un pueblo

c. La separación del río Jordán

d. Resucitar al hijo de una viuda

302. ¿Quién envió a Naamán a Eliseo para que le curara de su enfermedad?

a. Su esposa

b. El rey de Aram

c. Elías

d. Ninguno de los anteriores

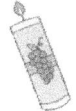    

303. ¿Qué le sucedió a Giezi después de que desobedeció a Eliseo y mintió a Naamán acerca de recibir regalos de él?

a. Se convirtió en rey.

b. Murió.

c. Él y sus descendientes fueron maldecidos con lepra.

d. Su casa fue destruida.

304. ¿Qué tipo de aceite le pidió Eliseo a la mujer sunamita que le pidiera prestado a sus vecinos?

a. Aceite de oliva

b. Aceite de coco

c. Aceite de linaza

d. Aceite de semillas de cáñamo

305. ¿A cuántos hombres alimentó Eliseo durante la hambruna?

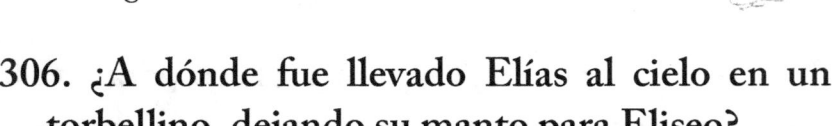

a. Doce

b. Siete

c. Cien

d. Ninguna de las anteriores

306. ¿A dónde fue llevado Elías al cielo en un torbellino, dejando su manto para Eliseo?

a. El río Jordán

b. El monte Horeb

c. El desierto de Damasco

d. El monte Sinaí

307. ¿Cuántos jóvenes se burlaron de Eliseo?

a. Cinco

b. Cuarenta y dos

c. Veintitrés

d. Ninguna de las anteriores

308. ¿Qué hizo Eliseo en Betel después de que se burlaran de él por su calvicie?

a. Lanzó una maldición en el nombre de Dios.

b. Separó el río Jordán para escapar.

c. Huyó.

d. Lloró.

309. ¿Quién invitó a Eliseo a comer a su casa después de que el profeta hubiera realizado muchos milagros en la ciudad?

a. El rey David

b. Abimelec

c. Naamán

d. La mujer sunamita

310. ¿Qué arrojó Eliseo a las aguas amargas para endulzarlas en Jericó?

a. Sal

b. Miel

c. Aceite

d. Ceniza

311. ¿Quién fue enviado por Dios para ungir a Jehú como rey de Israel y a Hazael como rey de Siria?

a. Elías

b. Esdras

c. Jeremías

d. Eliseo

312. ¿Cuánto tiempo permaneció Eliseo con Elías antes de que este ascendiera al cielo?

a. Siete días

b. Treinta días

c. Cuarenta días

d. No se especifica.

313. ¿Cómo curó Eliseo la lepra de Naamán?

a. Le dijo a Naamán que se bañara en el río Jordán siete veces.

b. Le lavó el cuerpo con aceites especiales.

c. Le hizo ayunar durante cuarenta días.

d. Hizo que Naamán orara durante tres días y tres noches.

314. ¿A los hijos de quién pidió prestado Eliseo dos vasijas vacías, que luego llenó de aceite?

a. Ruth

b. Noemí

c. Abigail

d. La mujer sunamita

REYES DE JUDÁ E ISRAEL

Este capítulo abarca a los reyes de Judá e Israel desde el período en que se dividieron los reinos hasta el cautiverio babilónico. Exploraremos a los gobernantes y sus reinados, así como algunos acontecimientos importantes.

315. ¿Quién sucedió al rey Joram como gobernante en el reino de Israel?

a. Jehú

b. Omri

c. Ocozías

d. Nadab

316. ¿Qué profeta supervisó la unción del rey Jehú?

a. Elías

b. Eliseo

c. Samuel

d. Ezequiel

317. ¿Cuál es el nombre de la reina que se apoderó del trono tras la muerte de Ocozías de Judá y ordenó matar a quienes hubieran podido impugnar su gobierno?

a. Jezabel

b. Atalía

c. Betsabé

d. Abigail

318. ¿Cuántos reyes reinaron en Judá durante el período comprendido entre la división del reino y el cautiverio babilónico?

a. Veinte

b. Once

c. Doce

d. Quince

319. ¿Quién sucedió al rey Acaz como gobernante de Judá después de su muerte?

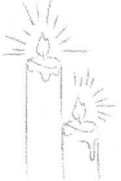

a. Josías

b. Ezequías

c. Amón

d. Peka

320. ¿Quién fue el único hijo superviviente del rey Ocozías que con el tiempo se convirtió en el octavo rey de Judá?

a. Joás

b. Amasías

c. Joram

d. Uzías

321. ¿Quién fue el responsable de fortificar las murallas de Jerusalén?

a. Ezequías

b. Uzías

c. Acaz

d. Juan

322. ¿Quién sucedió al rey Jeroboam en Israel después de su muerte?

a. Nadab

b. Baasa

c. Zimri

d. Omri

323. ¿Cuál es el nombre del reino del norte establecido por el rey Jeroboam tras la muerte de Salomón?

a. Judá

b. Benjamín

c. Efraín

d. Israel

324. ¿Qué rey, según 2 Crónicas, apedreó hasta la muerte a su yerno, el profeta Zacarías, por desafiar su autoridad?

a. Uzías

b. Ezequías

c. Joás

d. Ninguno de los anteriores

325. ¿Quién sucedió al rey Zimri como gobernante de Israel después de su asesinato?

a. Omri

b. Baasa

c. Peka

d. Ocozías

326. ¿Quién fue el último rey de Judá antes del cautiverio babilónico?

a. Sedequías

b. Joaquín

c. Ezequías

d. Manasés

327. ¿Qué potencia extranjera derrocó y destruyó Jerusalén, poniendo fin al Reino de Judá?

a. El Imperio asirio
b. Imperio hitita
c. Imperio persa
d. Imperio babilónico

328. ¿Quién sucedió al rey Jeroboam II como gobernante de Israel tras su muerte?

a. Zacarías
b. Salum
c. Peka
d. Oseas

329. ¿Qué profeta advirtió contra la desobediencia a las leyes de Dios durante el gobierno del rey Jeroboam II?

a. Elías
b. Eliseo

c. Jeremías
d. Amós

330. ¿Qué rey de Israel fue asesinado por Jehú en un golpe como acto de venganza?

a. Baasa
b. Zimri
c. Nadab
d. Joram

331. Según 2 Reyes 18:1-4, ¿qué rey eliminó todos los ídolos de Judá y restableció el culto solo para Dios?

a. *Asa*

b. *Ezequías*

c. *Amón*

d. *Josías*

332. ¿A quién se refiere la Biblia como "la reina malvada" debido a su apoyo a la idolatría?

a. *Atalía*

b. *Jezabel*

c. *Abigail*

d. Betsabé

PROFETAS DEL ANTIGUO TESTAMENTO

El Antiguo Testamento está lleno de profetas que comunicaron la voluntad de Dios a su pueblo. Muchos individuos fueron llamados por Dios para guiar a su pueblo en tiempos difíciles. ¿Contra qué predicó Amós? ¿Qué profetizó Zacarías? En esta sección, exploraremos estas preguntas y otras más mientras examinamos a algunos de los profetas clave del Antiguo

Testamento.

333. ¿Quién escribió el Libro de las Lamentaciones en la Biblia?

a. Jeremías

b. Isaías

c. Job

d. Ezequiel

334. ¿Qué profeta predijo que Dios restauraría Israel y Judá en un solo reino?

a. Jeremías

b. Nahum

c. Habacuc

d. Sofonías

335. ¿Cuáles fueron algunos de los temas principales de las profecías de Amós?

a. La injusticia

b. Arrepentimiento

c. Codicia

d. Todas las anteriores

336. ¿Cuál de estos profetas vio visiones durante su servicio a Dios?

a. Miqueas

b. Zacarías

c. Ezequiel

d. Todas las anteriores

337. ¿Quién profetizó que Dios enviaría un pastor para guiar a su pueblo?

a. Isaías

b. Jeremías

c. Oseas

d. Amós

338. Según el Antiguo Testamento, ¿cuál de los siguientes profetas fue engullido por una criatura marina gigante durante tres días y tres noches?

a. Abdías

b. Jonás

c. Miqueas

d. Nahum

339. ¿Cuál es el contenido principal del Libro de Zacarías?

a. El pecado de los israelitas

b. El fin del cautiverio babilónico

c. El día del juicio

d. El fin de los tiempos

340. ¿Quién es considerado tanto profeta como sacerdote en el Antiguo Testamento?

a. Deborah

b. Eli

c. Abdías

d. Samuel

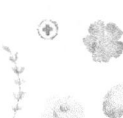

341. ¿De qué país procedía Jonás?

a. Siria

b. Israel

c. Egipto

d. Asiria

342. ¿Qué profeta habló en contra de los que adoraban a otros dioses?

a. Oseas

b. Jeremías

c. Ezequiel

d. Todas las anteriores

EL CAUTIVERIO BABILÓNICO

El cautiverio babilónico fue un período de la historia judía que comenzó en 586 a.C. cuando el rey de Babilonia capturó Jerusalén y obligó a los judíos a exiliarse. En esta sección se plantean preguntas sobre cuánto tiempo permanecieron en cautividad, así como quién profetizó el final de la misma.

343. ¿Cómo se llamaba el rey de Babilonia que capturó Jerusalén y llevó a los judíos al exilio?

a. Nabucodonosor II

b. Darío I

c. Ciro el Grande

d. Sargón II

344. ¿Cuántos años permaneció el pueblo judío cautivo en Babilonia?

a. Setenta años

b. Cincuenta años

c. Veinticinco años

d. Cinco años

345. ¿Quién profetizó que se pondría fin al cautiverio babilónico después de tantos años?

a. Ezequiel

b. Jeremías

c. Isaías

d. Habacuc

346. ¿Qué acontecimiento puso fin al exilio de los judíos?

a. El Éxodo

b. La destrucción del Templo de Salomón

c. La guerra de Babilonia con Persia

d. El regreso del rey Josías

347. ¿Por qué los cautivos fueron llevados al exilio por el rey de Babilonia?

a. Para servir como esclavos

b. Como castigo por no pagar tributo

c. Para difundir la cultura babilónica

d. Como castigo por desobedecer a Dios

348. ¿Qué libro habla de cómo Daniel interpretaba los sueños mientras estaba en el exilio?

a. El Libro de Job

b. El Libro de Daniel

c. El Libro de Isaías

d. El Libro de Jeremías

349. ¿Quién puso fin al exilio de los judíos de Babilonia?

a. El rey Josías

b. Ciro el Grande

c. Darío I

d. Nabucodonosor II

350. ¿Quién era el líder de los judíos que fueron llevados al cautiverio en Babilonia?

a. Ezequiel

b. Joaquín

c. Sofonías

d. Mardoqueo

351. ¿Qué creían algunos judíos en cautividad que era una señal de que pronto serían liberados del exilio?

a. La destrucción de Babilonia

b. Una visión dada a Daniel

c. La caída del rey Nabucodonosor II

d. Un oráculo pronunciado por Jeremías

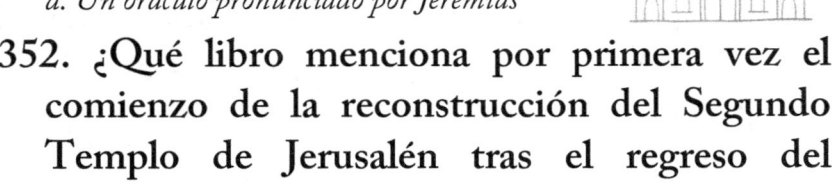

352. ¿Qué libro menciona por primera vez el comienzo de la reconstrucción del Segundo Templo de Jerusalén tras el regreso del cautiverio babilónico?

a. El Libro de Zacarías

b. El Libro de las Crónicas

c. El Libro de Samuel

d. El Libro de Esdras

353. ¿Cuál era la relación de Sedequías, el último rey de Judá, con Joaquín?

a. Era hermano de Joaquín

b. Era tío de Joaquín

c. Era hijo de Joaquín

d. Era el padre de Joaquín

354. ¿Cuándo se permitió al pueblo judío regresar a Jerusalén?

a. 538 a. C.

b. 620 AEC

c. 612 AEC

d. 655 AEC

355. Según la Biblia, ¿quién fue el primer gobernador babilonio de Judá?

a. *Jeremías*

b. *Ahikam*

c. *Isaías*

d. *Gedaliah*

356. ¿Qué libro de la Biblia trata principalmente de la reconstrucción del templo y las murallas de Jerusalén por Zorobabel?

a. *Éxodo*

b. *Daniel*

c. *Levítico*

d. *Nehemías*

357. ¿Quién fue el líder que condujo a los judíos de vuelta a Jerusalén tras el fin del cautiverio babilónico?

a. *Moisés*

b. *Zorobabel*

c. *Ezequiel*

d. *David*

358. ¿Cuántos años tardaron los judíos en reconstruir el templo tras su regreso del exilio en Babilonia?

a. *Tres años*

b. *Veinte años*

c. *Diez años*

d. *Más de cuarenta años*

359. ¿Cómo pudieron los judíos reconstruir el templo y las murallas de Jerusalén después del cautiverio babilónico?

a. No reconstruyeron el templo.

b. El rey Ciro ayudó proporcionando fondos.

c. El pueblo judío había ocultado sus riquezas.

d. Sus vecinos construyeron el templo y las murallas.

360. Según la tradición, ¿quién escribió el libro de Esdras, que trata principalmente del regreso a la Tierra Prometida?

a. Isaías

b. Jeremías

c. Nehemías

d. Esdras

361. ¿Quién fue el sacerdote que dirigió el regreso de los judíos del cautiverio babilónico con el príncipe Zorobabel?

a. Jeremías

b. Josué

c. Esdras

d. Ninguno de los anteriores

362. ¿Cuántas personas regresaron a Jerusalén bajo el liderazgo de Zorobabel?

a. Más de cuarenta mil

b. Menos de treinta mil

c. Cerca de diez mil

d. Menos de veinte mil

363. ¿A qué se refiere el término "Jubileo" en la Biblia?

a. *Un periodo en el que se permitía al pueblo regresar a sus hogares y se perdonaban algunas de sus deudas*

b. *Una fiesta celebrada cada siete años por la libertad del pueblo*

c. *Una celebración anual que conmemora el regreso del pueblo judío del exilio*

d. *El día en que Ciro capturó Babilonia*

ESTER Y LA HISTORIA DE PURIM

La siguiente sección trata sobre la historia bíblica de una de las mayores fiestas judías: Purim. Responda a las preguntas sobre el dominio aqueménida de Judá y otros detalles sobre Purim; las respuestas para esta sección se encuentran en el Libro de Ester.

364. ¿Qué le pidió Mardoqueo a Ester cuando se enteró de los planes del rey?

a. Defender a su pueblo y salvarlo de la destrucción

b. Retirarse con miedo y no oponerse a las órdenes del rey

c. Matar al rey

d. Esconderse para estar a salvo

365. ¿En qué siglo gobernó Jerjes (conocido como Asuero en la Biblia) Persia?

a. Siglo IV a. C.

b. Siglo V AEC

c. Siglo VI a. C.

d. Siglo VII a. C.

366. ¿Cuántas veces celebró el rey un banquete en honor de Ester?

a. Dos veces

b. Tres veces

c. Cuatro veces

d. Cinco veces

367. ¿Qué cargo le dio el rey Asuero (Jerjes) a Amán?

a. Consejero principal del rey

b. Consejero de la reina

c. Jefe eunuco

d. Hechicero jefe

368. ¿Qué alimento o bebida se consume tradicionalmente en exceso en Purim como parte de la comida festiva?

a. Pan challah

b. Vino

c. Falafel

d. Sopa de bolas de matzoh

369. ¿Por qué se ordenó a la gente enviarse regalos unos a otros en Purim según el Libro de Ester?

a. Para recordar la misericordia de Dios

b. Para celebrar la victoria de Mardoqueo y Ester

c. Para mostrar bondad a los extraños

d. Como señal de arrepentimiento

 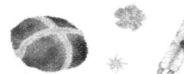

370. ¿Qué reina fue desterrada en el Libro de Ester por desobedecer las órdenes del rey Asuero?

a. Vasti

b. Ester

c. Helena

d. Michal

371. ¿Qué pidió la reina Ester a los judíos que hicieran durante tres días antes de acercarse al rey?

a. Ayunar y rezar

b. Ofrecer sacrificios

c. Celebrar con banquetes

d. Adorar ídolos

372. ¿Qué tiene de peculiar el Libro de Ester?

a. *Es el más corto de los libros que componen el Antiguo Testamento.*

b. *Es uno de los dos únicos libros de la Biblia que no mencionan a "Dios".*

c. *Fue el último libro en ser descubierto.*

d. *Fue el único libro bíblico escrito en hebreo y arameo.*

373. ¿Qué libro de la Biblia nos habla de Ester y su relación con el rey Asuero?

a. *Éxodo*

b. *Números*

c. *Ester*

d. *Daniel*

374. ¿Cuál de las siguientes cosas se negó a cumplir Mardoqueo cuando fue decretado por Amán?

a. *Rezar a dioses paganos*

b. *Inclinarse ante él*

c. *Vistiendo las vestiduras reales*

d. *Pagar impuestos*

375. ¿Qué es Purim, según la tradición judía?

a. *Un día de ayuno y arrepentimiento*

b. *Una celebración anual en honor de la reina Ester*

c. *El aniversario de la ascensión del rey Jerjes*

d. *Una fiesta que conmemora la liberación de Dios de la destrucción*

NACIMIENTO DE JUAN EL BAUTISTA

En esta sección se plantean preguntas sobre Juan el Bautista, un hombre venerado en el cristianismo. ¿Sabe quién era el padre de Juan el Bautista? ¿O qué relación tenía con Jesús? Si alguna vez se queda atascado, ¡consulte las respuestas al final del libro!

376. ¿Cómo se llamaba el padre de Juan?

a. Zacarías

b. José

c. Gabriel

d. Saúl

377. ¿Cuál fue la respuesta de los padres de Juan el Bautista cuando se enteraron de su nacimiento?

a. Incredulidad

b. Alegría

c. Miedo

d. Conmoción

378. Zacarías tuvo dudas cuando oyó que el ángel le decía que su esterilidad y la de Isabel serían rotas. ¿Por qué dudó del ángel?

a. Eran de edad avanzada.

b. No confiaba en el ángel.

c. Malaquías había profetizado otra cosa.

d. Ninguna de las anteriores.

379. ¿Qué sucedió después de que Zacarías cuestionara el mensaje de Gabriel?

a. Quedó mudo.

b. Alabó a Dios.

c. Abandonó Jerusalén.

d. Hizo una peregrinación.

380. ¿Cuánto tiempo estuvo afectado Zacarías a causa de su incredulidad?

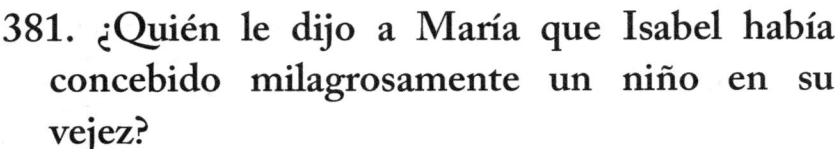

a. Un mes

b. Seis meses

c. Nueve meses

d. Un año

381. ¿Quién le dijo a María que Isabel había concebido milagrosamente un niño en su vejez?

a. Un ángel

b. El sacerdote

c. La propia Isabel

d. Ninguna de las anteriores

382. ¿Cuántos meses transcurrieron entre la concepción de Jesús y la de Juan el Bautista?

a. Un mes

b. Dos meses

c. Seis meses

d. Ocho meses

383. En la Biblia, Juan el Bautista y Jesús están emparentados. ¿Cuál era su relación?

a. Hermano

b. Primo

c. Hermanastro

d. Tío y sobrino

384. Después de enterarse del embarazo de Isabel, ¿qué hizo María?

a. Dudó de la honestidad de Isabel.

b. Se quedó con su prima durante tres meses.

c. Se marchó a Nazaret.

d. Ella se lo dijo a todos en el pueblo.

385. ¿Cuál fue la respuesta de los que se enteraron del nacimiento de Juan?

a. Alabaron a Dios.

b. Tuvieron miedo.

c. Lo rechazaron.

d. Se burlaron de él.

386. ¿Qué hizo el padre de Juan cuando vio a su hijo por primera vez?

a. Alabó a Dios.

b. Se rio de alegría.

c. Lloró de alegría.

d. Se dio la vuelta disgustado.

LA ANUNCIACIÓN A LA SANTÍSIMA VIRGEN

Esta sección explora uno de los momentos más importantes de la historia cristiana. Se trata del momento en que María recibió la visita de un ángel que le anunció que concebiría un hijo mediante la inmaculada concepción. Aprenderemos sobre la aparición de este ángel y sus palabras a María, así como por qué Dios eligió a María para esta tarea única.

387. ¿Qué Evangelio narra la historia de la Anunciación?

a. El Evangelio de Juan
b. El Evangelio de Lucas
c. El Evangelio de Marcos
d. Ninguno de los anteriores

388. ¿Quién informó a José de la concepción de María?

a. Un ángel
b. Un sabio
c. Herodes
d. Isabel

389. Según el Evangelio de Mateo, ¿qué nombre para el bebé sugirió a María el ángel que se le apareció?

a. David
b. Emmanuel
c. Salomón
d. Moisés

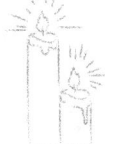

390. ¿Cómo se llamaba el padre de Jesús?

a. José
b. Martin
c. Jonathan
d. Zacarías

391. ¿Qué le dijo el ángel a María en la Anunciación?

a. "Buena suerte en el futuro".

b. "Tu hijo será un líder terrible".

c. "No temas, porque has encontrado el favor de Dios".

d. "Estoy aquí para traerte buenas noticias sobre tu futuro".

392. ¿Dónde tuvo lugar este acontecimiento?

a. En Nazaret

b. En Belén

c. En el monte Horeb

d. En Jerusalén

393. ¿Cómo reaccionó inicialmente José cuando se enteró del embarazo de María?

a. Se enfureció.

b. Quiso divorciarse de ella.

c. Confió en el Señor.

d. Se negó a creerlo.

394. ¿Cómo se llamaba el ángel que se apareció a María durante la Anunciación?

a. Gabriel

b. Miguel

c. Rafael

d. Jehoel

395. ¿Qué le dijo el ángel a María sobre su hijo no nacido?

a. Será grande y se llamará Hijo de Dios.

b. Su reino caerá.

c. Salvará a la gente de sus pecados.

d. Traerá la paz a la tierra.

396. ¿Cuál es la fiesta en la que se celebra la Anunciación a la Santísima Virgen María?

a. Nochebuena

b. Domingo de Pascua

c. La fiesta de la Anunciación

d. Jueves de la Ascensión

397. Después de oír que daría a luz un hijo, ¿cómo respondió María?

a. Tuvo miedo.

b. Aceptó de buen grado.

c. Se negó.

d. Pidió más aclaraciones.

398. ¿Cuál es el significado de este acontecimiento en el cristianismo?

a. Marca el comienzo de la vida de Jesús en la tierra.

b. Celebra la gracia y la misericordia de Dios.

c. Simboliza la obediencia y la fidelidad a Dios.

d. Demuestra el amor entre dos personas.

399. ¿En qué fecha se celebra hoy la Fiesta de la Anunciación en la mayoría de las iglesias cristianas?

a. El 9 de abril

b. El 1 de abril

c. El 25 de marzo

d. El 20 de marzo

400. Según Lucas 1:28, ¿qué dijo el ángel cuando saludó a María?

a. "¡Salve, llena eres de gracia!".

b. "Bendita tú eres entre todas las mujeres".

c. "La paz sea contigo".

d. Ninguna de las anteriores.

401. ¿Quién estuvo presente en la Anunciación según Lucas?

a. Isabel, Gabriel y José

b. María y Gabriel

c. José, Zacarías y María

d. Isabel, Gabriel y María

EL NACIMIENTO DE JESÚS

Este capítulo explora el nacimiento de Jesús tal y como se recoge en la Biblia. Comienza con la profecía sobre dónde nacería el Mesías y termina cuando fue presentado por primera vez en el templo. Responda a las preguntas sobre los Reyes Magos y descubra quién era el rey en el momento del nacimiento de Jesús. Este fue uno de los momentos más importantes de la cristiandad; ¡a ver si te lo sabes!

402. ¿Qué profeta predijo el lugar de nacimiento del Mesías antes de su nacimiento?

a. Miqueas

b. Jeremías

c. Ezequiel

d. Daniel

403. ¿Qué Evangelios recogen la historia del nacimiento de Jesús?

a. Juan y Marcos

b. Marcos y Mateo

c. Mateo y Lucas

d. Ninguno de los anteriores

404. ¿Dónde dio a luz María al niño Jesús según la Biblia?

a. En una posada

b. En su casa de Nazaret

c. En un establo de Belén

d. En su camino de vuelta a casa desde Egipto

405. ¿Cómo anunciaron los ángeles el nacimiento de Jesús?

a. Gritaron desde el cielo.

b. Se aparecieron en sueños a José y María.

c. Un ángel se lo dijo a unos pastores cercanos.

d. Todas las anteriores.

406. ¿Para qué fiesta cristiana sirve de base la Natividad de Jesús?

a. *Pentecostés*

b. *Navidad*

c. *Adviento*

d. *Ninguna de las anteriores*

407. ¿Qué estrella guio a los Reyes Magos de Oriente para encontrar al niño Jesús?

a. *La estrella de Belén*

b. *La Estrella Polar*

c. *Sirio*

d. *Polaris*

408. ¿Cuántos reyes magos vinieron a visitar al niño Jesús?

a. *Dos*

b. *Tres*

c. *Cuatro*

d. *Cinco*

409. Según los Evangelios, ¿de quién era descendiente Jesús a través de José?

a. *El rey David*

b. *Moisés*

c. *Profeta Juan*

d. *Ninguno de los anteriores*

410. ¿En qué envolvió María al niño Jesús, según Lucas 2:7?

a. Ropa hilada de la seda más fina

b. Una tira de piel de animal

c. Bandas envolventes

d. Una manta

411. ¿Cuáles fueron algunos regalos que trajeron los Reyes Magos para el niño Jesús según la Biblia?

a. Incienso, oro y mirra

b. Plata, oro y especias

c. Una oveja, un camello y una cabra

d. Ropa, comida y juguetes

412. ¿Quién era el rey cuando nació Jesús?

a. El rey David

b. El rey Saúl

c. Rey Salomón

d. Rey Herodes

413. Después del nacimiento del niño Jesús, ¿qué ocurrió al octavo día, según la Biblia?

a. El rey lo vio.

b. Tuvo su ceremonia de circuncisión.

c. Fue llevado a Siria.

d. Ninguna de las anteriores.

414. ¿Por qué José tuvo que llevarse a María y a Jesús a Egipto poco después de su nacimiento?

a. Para escapar del rey Herodes, que quería matar a Jesús

b. Para cumplir una profecía que decía que debía ir allí

c. Para encontrar un lugar mejor para resucitar a Jesús

d. Ninguna de las anteriores

415. ¿En qué animal cabalgaba María cuando viajaba a Belén?

a. Camello

b. Asno

c. Caballo

d. Elefante

416. Según el Evangelio de Mateo, ¿qué significa el nombre Emmanuel?

a. Dios con nosotros

b. Alabado sea el Señor

c. El elegido

d. Ninguna de las anteriores

417. ¿Qué hizo José con Jesús cuando murió el rey Herodes?

a. Llevó a Jesús de regreso a Belén.

b. Se quedó en Egipto.

c. Se trasladó a Nazaret.

d. Ninguna de las anteriores.

418. **¿Qué edad tenía Jesús cuando fue presentado en el templo según Lucas 2:22-24?**

a. Ocho días de nacido

b. Cuarenta días de nacido

c. Tres años

d. Seis semanas

EL BAUTISMO DE JESÚS

El bautismo de Jesús es un acontecimiento importante en la vida y las enseñanzas del cristianismo. Esta sección explora el significado de este acto altamente simbólico, así como sus implicaciones para los creyentes de hoy. Exploraremos cuestiones como en qué río fue bautizado Jesús y quién estaba presente cuando fue bautizado. Al responder a estas preguntas, podremos comprender mejor una enseñanza cristiana central: ¡el poder y la importancia de bautizarse para salvarse del pecado!

419. ¿En qué río bautizó Juan el Bautista a Jesús?

a. Río Tigris

b. Río Jordán

c. Río Nilo

d. Río Éufrates

420. ¿Qué palabras pronunció Dios cuando se reveló a Jesús en su bautismo?

a. "Este es mi Hijo amado".

b. "Te basta mi gracia".

c. "Eres digno de mí, hijo mío".

d. "Toma tu cruz y sígueme".

421. ¿Quién estaba presente cuando Jesús fue bautizado?

a. Juan el Bautista y el Espíritu Santo

b. José y Herodes Antipas

c. Los Doce Discípulos

d. Nicodemo y Simón Pedro

422. ¿Qué edad tenía Jesús en el momento de su bautismo?

a. Alrededor de doce años

b. Alrededor de treinta años

c. Alrededor de veinte años

d. Alrededor de cuarenta años

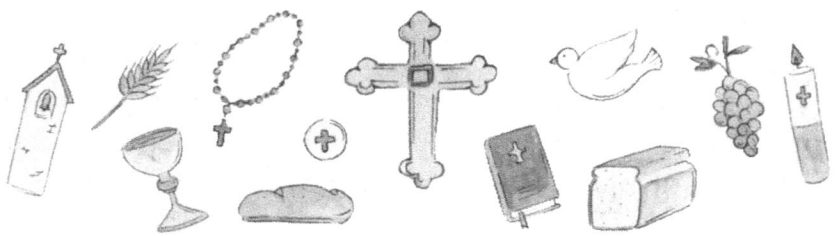

423. ¿Cuál de las siguientes no es una razón por la que Jesús fue bautizado?

a. *Para mostrar el favor de Dios hacia él*

b. *Para cumplir toda justicia*

c. *Para demostrar su divinidad*

d. *Para comenzar a enseñar y predicar*

424. ¿Qué sucedió cuando Jesús salió del agua después de ser bautizado por Juan?

a. *Oyó una voz audible del cielo.*

b. *Comenzó a predicar sobre el arrepentimiento.*

c. *El Espíritu de Dios descendió sobre él.*

d. *Aparecieron ángeles a su alrededor.*

425. ¿Cuál de estas afirmaciones describe mejor lo que el bautismo simbolizó para el ministerio de Jesús?

a. *Marcó el comienzo de su misión terrenal.*

b. *Mostró su superioridad física.*

c. *Demostró su amor por sus padres terrenales.*

d. *Significó un momento histórico importante para los judíos.*

426. ¿Qué dijo Juan el Bautista cuando Jesús pidió ser bautizado?

a. *"Yo necesito ser bautizado por ti, ¿y tú vienes a mí?".*

b. *"Tú eres mi Hijo amado; en ti me complazco".*

c. *"Arrepentíos, porque el reino de los cielos está cerca".*

d. *Ninguna de las anteriores*

427. ¿Qué significa que Jesús se sometió al bautismo a pesar de estar libre de pecado?

a. Demostró humildad y obediencia.

b. Quería que otros le siguieran.

c. Quería que la gente supiera que no tenía pecado.

d. Necesitaba el perdón de Dios.

428. ¿Quién presenció el descenso del Espíritu Santo sobre Jesús en su bautismo?

a. Los Doce Discípulos

b. Nicodemo y José

c. Herodes Antipas y María Magdalena

d. Juan el Bautista

429. ¿Cómo se podría explicar por qué Juan se negó inicialmente a bautizar a Jesús?

a. Porque se sentía indigno

b. Porque no formaba parte de sus costumbres

c. Porque no creía que Jesús fuera el Mesías

d. Porque no formaba parte de la misión de Jesús

430. ¿Por qué bautizaba Juan a la gente con agua?

a. Para demostrar arrepentimiento

b. Para limpiarlos simbólicamente del pecado

c. Para identificar a los seguidores de Dios

d. Para mostrar su lealtad al César

431. De los Evangelios canónicos, ¿cuál contiene un relato diferente del bautismo de Jesús?

a. *Mateo*
b. *Marcos*
c. *Lucas*
d. *Juan*

432. ¿Qué proclamó Juan el Bautista cuando vio a Jesús que venía hacia él para ser bautizado?

a. *"¡He aquí el Cordero de Dios!".*
b. *"Este es mi Hijo amado en quien tengo complacencia".*
c. *"Arrepentíos, porque el reino de los cielos está cerca".*
d. *"Sois dignos de recibir mi bautismo".*

433. ¿En qué se diferenciaban los que buscaban el bautismo de Juan de los que seguían a Jesús?

a. *Buscaban el perdón a través de la confesión y el arrepentimiento.*
b. *Aceptaban que nunca podrían ser lo suficientemente buenos por sí mismos.*
c. *Creían que sus pecados ya habían sido lavados.*
d. *Buscaban a un profeta de Dios.*

434. ¿Qué significa cuando alguien es bautizado según la tradición cristiana?

a. Simboliza la muerte y el renacimiento.

b. Significa arrepentimiento y perdón.

c. Demuestra lealtad a Cristo.

d. Todas las anteriores.

MINISTERIO Y MILAGROS DE JESÚS

Desde convertir el agua en vino hasta curar a los enfermos, esta sección explorará los milagros y el ministerio de Jesucristo. Examinaremos cómo se cumplió su misión en la tierra mediante actos de compasión, amor, misericordia, gracia y poder que dejaron asombrados a quienes los experimentaron. Prepárese para sumergirse en las Escrituras mientras desentrañamos cuestiones sobre este periodo de la vida de Jesús.

435. ¿Cuál fue el primer milagro de Jesús?

a. *Convertir el agua en vino*
b. *Alimentar a cinco mil personas*
c. *Curar a un ciego*
d. *Resucitar a Lázaro*

436. Según Lucas 4:18-19, ¿cuál era la misión de Jesús en la tierra?

a. *Predicar y enseñar sobre el reino de Dios*
b. *Ser un ejemplo de cómo vivir una buena vida*
c. *Para traer la paz entre todas las naciones*
d. *Ninguna de las anteriores*

437. ¿Cómo respondió Jesús cuando sus discípulos le pidieron permiso para hacer descender fuego del cielo en Lucas 9:51-56?

a. *Les concedió su deseo.*
b. *Les advirtió que no lo hicieran.*
c. *Les reprendió.*
d. *Permaneció en silencio.*

438. ¿Qué le dijo Jesús al hombre paralítico en Mateo 9:1-8?

a. *"¡Levántate y anda!".*
b. *"Tus pecados te son perdonados".*
c. *"Estoy aquí para ti".*
d. *"Has sido sanado".*

439. ¿Dónde dice el Libro de Mateo que se realizaron la mayoría de los milagros de Jesús?

a. Jerusalén

b. Nazaret

c. Cafarnaúm

d. Betania

440. ¿Cuántos días llevaba Lázaro muerto antes de ser resucitado por Jesús?

a. Siete

b. Diez

c. Tres

d. Cuatro

441. ¿Cómo respondió Jesús cuando le pidieron que pagara el impuesto del templo en Mateo 17:24-27?

a. Pagó su impuesto y el de Pedro con una moneda de cuatro dracmas.

b. Se negó a pagar.

c. Pidió a sus discípulos que lo pagaran por él.

d. Ninguna de las anteriores.

442. ¿Dónde tuvo lugar el primer milagro de Jesús?

a. Jerusalén

b. Caná

c. Belén

d. Tiro

443. ¿Por qué es significativo el primer milagro de Jesús?

a. Los invitados a la boda se asombraron de sus poderes.

b. Todos alabaron a Dios después de que ocurriera.

c. El novio creyó en él.

d. Demostró su gloria y su santa capacidad.

444. En Juan 6:4-15, ¿cuántas personas fueron alimentadas después de que Jesús multiplicara los panes y los peces?

a. Alrededor de cinco mil

b. Alrededor de cuatro mil

c. Unos tres mil

d. Unos dos mil

445. ¿Qué dijo Jesús sobre Natanael en Juan 1:47?

a. "No cree que yo sea el Hijo de Dios".

b. "Me seguirá".

c. "He aquí verdaderamente un israelita en quien no hay engaño".

d. Ninguna de las anteriores.

446. ¿Cómo respondió Jesús a la mujer sorprendida en adulterio según consta en Juan 8:4-11?

a. La elogió por su valentía.

b. Le dijo que no la condenaba.

c. Le preguntó dónde estaba el hombre.

d. Ninguna de las anteriores.

447. ¿Qué le preguntó Nicodemo a Jesús cuando le visitó por la noche según Juan 3:1-2?

a. *Cómo recibir la vida eterna*

b. *Cómo curarse de su enfermedad*

c. *Entender qué es el Espíritu Santo*

d. *Para saber más sobre los discípulos de Jesús*

448. Según el Libro de Marcos, ¿cuántos hombres llevaron al paralítico en una camilla a la casa donde Jesús estaba enseñando?

a. *Dos hombres*

b. *Tres hombres*

c. *Cuatro hombres*

d. *Cinco hombres*

449. En Cafarnaúm, ¿por qué bajaron al paralítico de una abertura hecha en el techo de la casa de Jesús?

a. *Porque Jesús originalmente no quería verlo*

b. *Porque la casa de Jesús estaba llena de sus muchos seguidores*

c. *Porque el paralítico insistió en ello*

d. *Ninguna de las anteriores*

450. En Lucas 10:25-37, ¿por qué pregunta el abogado qué debe hacer para heredar la vida eterna?

a. *Quiere saber más sobre el plan de Dios.*

b. *Está poniendo a prueba a Jesús.*

c. *Quiere saber cómo vivir una buena vida.*

d. *Está tratando de entender qué es el cielo.*

451. ¿Qué Evangelio es el único que relata la curación por Jesús de un paralítico en Bethesda?

a. *Marcos*

b. *Lucas*

c. *Mateo*

d. *Juan*

452. ¿Cuál fue una forma en que Jesús proporcionó alimentos a los necesitados?

a. *Convirtiendo el agua en vino*

b. *Multiplicando el pan y los peces*

c. *Enseñándoles a cultivar la tierra*

d. *Regalando sus propias provisiones*

453. ¿Qué hizo Jesús cuando los mercaderes utilizaban el templo como mercado?

a. *Escribió en el suelo.*

b. *Rezó pidiendo orientación.*

c. *Dio la vuelta a sus mesas.*

d. *No interactuó con ellos,*

454. ¿A cuántos leprosos curó Jesús durante su ministerio?

a. Uno

b. Cuatro

c. Diez

d. Doce

455. ¿Quién fue sanada de su hemorragia después de tocar el borde del manto de Jesús?

a. María Magdalena

b. La mujer samaritana

c. Un soldado

d. La hija de Jairo

456. Cuando Santiago y Juan sugirieron destruir todo un pueblo que se les oponía, ¿cuál fue la respuesta de Jesús?

a. Les dijo que siguieran adelante.

b. Los regañó.

c. Rezó por sus almas.

d. Les dijo que amaran a sus enemigos.

457. ¿En qué Evangelio relata Jesús la parábola del buen samaritano?

a. Mateo

b. Marcos

c. Lucas

d. Juan

458. ¿Quién preguntó a Jesús: "Qué debo hacer para heredar la vida eterna"?

a. *La mujer samaritana*

b. *Nicodemo*

c. *Un joven rico*

d. *Pedro*

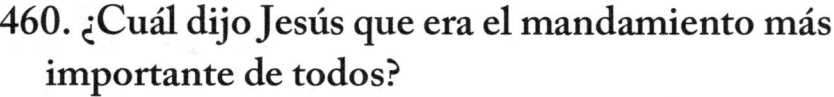

459. ¿Qué dijo Jesús que sucedería si perdonamos a los demás?

a. *Seremos perdonados a cambio.*

b. *Nuestros enemigos nos amarán.*

c. *Nada, no es importante.*

d. *Ninguna de las anteriores.*

460. ¿Cuál dijo Jesús que era el mandamiento más importante de todos?

a. *Ama a tu prójimo como a ti mismo.*

b. *Honra a tu padre y a tu madre.*

c. *Haz a los demás lo que te gustaría que te hicieran a ti.*

d. *Ama a Dios con todo tu corazón.*

461. ¿A quién dio la vista Jesús en Marcos 8:22-26?

a. *A un ciego de Betsaida*

b. *A dos hombres ciegos de nacimiento*

c. *Bartimeo, un mendigo de Jericó*

d. *Zaqueo, un recaudador de impuestos*

462. Según Juan 14:6, ¿cuál afirma Jesús que es el único camino que nos lleva de vuelta a Dios?

a. Orar pidiendo perdón

b. Creer en él

c. Seguir sus enseñanzas

d. El camino de la verdad

463. ¿Dónde tuvo lugar la historia de los panes y los peces?

a. El huerto de Getsemaní

b. En una montaña cerca de Cafarnaúm

c. En el patio del templo

d. Junto al mar Muerto

464. ¿A quién se conoce como "la mujer del pozo" en Juan 4:1-42?

a. María Magdalena

b. Marta

c. María de Betania

d. Una mujer samaritana

465. ¿Qué le dijo Jesús a Zaqueo después de que se arrepintiera de sus malas acciones en Lucas 19:8-10?

a. La salvación ha llegado hoy a su casa.

b. Cree en mí.

c. Síganme a Jerusalén.

d. Ninguna de las anteriores.

LA TENTACIÓN DE JESÚS

En la Biblia, Jesús fue tentado por Satanás en el desierto. La historia de sus tentaciones es un ejemplo inspirador que refleja nuestras propias luchas con la tentación y nos proporciona un modelo a seguir si nos encontramos luchando. En esta sección, exploraremos varias cuestiones sobre esas tentaciones, incluyendo lo que Jesús dijo cuando fue tentado y cuántas veces Satanás intentó desviarle del camino.

466. ¿Qué fue lo primero que dijo Jesús cuando Satanás le tentó en el desierto?

a. "Que pase de mí esta copa".
b. "No solo de pan vivirá el hombre, sino de toda palabra que sale de la boca de Dios".
c. "Bien, vámonos".
d. "¡Aléjate de mí, Satanás!".

467. ¿Cuántas veces intentó Satanás tentar a Jesús según las Escrituras?

a. Una vez
b. Dos veces
c. Tres veces
d. Ocho veces

468. ¿Quién estaba con Jesús cuando Satanás intentó tentarlo en el desierto?

a. Su madre
b. Los ángeles
c. Sus discípulos
d. Juan el Bautista

469. ¿Qué fue una cosa que Satanás prometió si Jesús se inclinaba y lo adoraba?

a. Vida eterna
b. Una familia feliz
c. Poder
d. Nada

470. ¿En qué libro se menciona que Jesús fue tentado en el desierto?

a. Génesis

b. Lamentaciones

c. Mateo

d. Ninguna de las anteriores

471. ¿Durante cuánto tiempo ayunó Jesús en el desierto de Judea?

a. Una semana

b. Un mes

c. Cuarenta días

d. No se especifica

472. ¿Qué alimento ofreció Satanás como tentación para Jesús?

a. Pescado

b. Langostas

c. Pan

d. Frutas

473. ¿Qué desafió Satanás a Jesús durante su tentación en el desierto?

a. Convertir las piedras en pan

b. Adorar falsos ídolos

c. Tomar el poder sobre todos los reinos del mundo

d. Ninguna de las anteriores

474. ¿Qué es una cosa que aprendemos del ejemplo de Cristo de resistir la tentación?

a. Las oraciones son inútiles.

b. Hay que apoyarse siempre en las Escrituras.

c. La gente debe poner su confianza en Dios.

d. Ninguna de las anteriores.

475. ¿A dónde fue Jesús después de enfrentarse a la tentación de Satanás en el desierto?

a. Jerusalén

b. Monte Hermón

c. Galilea

d. Cielo

476. ¿Cuál fue el propósito de que Jesús fuera tentado?

a. Probar su fe

b. Para probar su obediencia

c. Para fortalecerlo

d. Todas las anteriores

EL SERMÓN DE LA MONTAÑA

El Sermón de la Montaña de Jesús es uno de los discursos más influyentes conocidos por el hombre. Fue pronunciado por Jesús a sus discípulos. Este sermón se ha estudiado durante siglos como fuente de guía moral e instrucción religiosa, lo que ha suscitado preguntas sobre su punto principal, su propósito y su impacto. Exploremos algunas preguntas sobre el Sermón de la Montaña.

477. ¿Cuál es el punto principal del Sermón de la Montaña de Jesús?

a. Enseñar a sus discípulos sobre el perdón

b. Para esbozar los reglamentos de una nueva religión

c. Para dar instrucciones sobre cómo vivir como Dios manda

d. Ninguna de las anteriores

478. En la Biblia, ¿en qué montaña dio Jesús este sermón?

a. Sinaí

b. Hermón

c. Sión

d. No se especifica

479. ¿Dónde registra Mateo que Jesús dio este sermón?

a. Cerca de Jerusalén

b. Cerca de Nazaret

c. Cerca de Galilea

d. Cerca de Getsemaní

480. Según los biblistas, ¿cuánto duraba la versión original del Sermón de la Montaña?

a. Varios días

b. Una hora

c. Tres meses

d. Diez minutos

481. ¿Qué es lo primero que menciona Jesús en su sermón?

a. Las bienaventuranzas

b. La misericordia

c. El amor

d. Arrepentimiento

482. ¿Cuántas Bienaventuranzas menciona Jesús en el Sermón de la Montaña?

a. Tres

b. Cinco

c. Ocho

d. Nueve

483. ¿Cuál de estas no está incluida entre las bendiciones de la Bienaventuranza?

a. Los que son perseguidos por causa de la justicia

b. Los que lloran

c. Los que tienen hambre y sed de fama

d. Los que son pobres de espíritu

484. ¿Qué dijo Jesús a los que le escuchaban que hicieran si alguien les ofendía?

a. Maldecirlos

b. Rezar por sus enemigos

c. Vengarse

d. Perdonarlos

485. ¿Cuál fue la reacción de la gente cuando escuchó este mensaje de Jesús?

a. Se asombraron.
b. Estaban enojados.
c. Estaban confusos.
d. Se rieron.

486. ¿Cómo describe Jesús a las personas que practican lo que instruye en el Sermón de la Montaña?

a. Necios
b. Hipócritas
c. Justos
d. Merecedores de la salvación

487. ¿Qué es una cosa que Jesús anima a hacer a los creyentes?

a. Ser perfectos.
b. Amar a sus enemigos.
c. Servir a los demás.
d. Seguir la ley cuando les beneficie.

488. Según Mateo 5:17-18, ¿por qué vino Cristo a este mundo?

a. Para traer la salvación
b. Para difundir el amor
c. Para cumplir la ley
d. Para juzgar a la humanidad

489. ¿Quién estuvo presente durante el Sermón de la Montaña de Jesús?

a. Sus discípulos

b. Su madre

c. Los ángeles

d. Ninguno de los anteriores

490. ¿Cómo describió Jesús la ira?

a. Un pecado

b. Una emoción que expresar

c. Una respuesta necesaria

d. Ninguna de las anteriores

491. ¿Qué es una cosa que Jesús dice que no hay que hacer si se quiere entrar en el reino de los cielos?

a. Amar a los demás

b. Arrepentirse de sus pecados

c. Busque venganza

d. Obedecer la ley

492. Según Mateo 5:22, ¿qué quiso decir Jesús cuando dijo "Raca"?

a. Ídolos

b. Personas con orgullo

c. Un idiota o tonto

d. Los que hablan contra Dios

493. ¿Qué dijo Jesús sobre almacenar tesoros en la tierra?

a. Es de sabios.

b. Traerá bendiciones.

c. Debe hacerse con moderación.

d. Debe evitarse.

494. ¿Qué sugiere Jesús que hagan los creyentes si alguien les golpea?

a. Buscar venganza.

b. Poner la otra mejilla.

c. Maldecirlos.

d. Ignórelo.

PARÁBOLAS DE JESÚS

Las parábolas de Jesús han cautivado e inspirado a la gente durante siglos. Cada una contiene una lección que es relevante para nuestra vida actual. En este capítulo, exploraremos estas parábolas y descubriremos sus lecciones intemporales sobre la fe, el amor, la misericordia y la justicia que aún resuenan entre nosotros hoy en día.

495. ¿Cuál es un rasgo característico en cada una de las parábolas de Jesús?

a. Una lección moral

b. Una anécdota humorística

c. Un personaje personificado

d. Un escenario alegórico

496. ¿Qué parábola contó Jesús para ilustrar la importancia de la oración?

a. La parábola del buen samaritano

b. La parábola del sembrador

c. La parábola de los talentos

d. La parábola de la viuda persistente

497. ¿Qué parábola nos dice que Dios perdonará nuestros pecados, por grandes que sean?

a. El hijo pródigo

b. Lázaro y el hombre rico

c. La oveja perdida

d. La semilla de mostaza

498. ¿En qué parábola se comparó Jesús con un pastor que busca a su oveja perdida?

a. Las diez vírgenes

b. El Gran Banquete

c. La oveja perdida

d. La red del pescador

499. ¿Cuál era el enfoque de la parábola de Jesús sobre el hombre rico y Lázaro?

a. Las consecuencias de una vida vivida sin Dios

b. El poder de la oración

c. La recompensa por la fidelidad

d. Ninguna de las anteriores

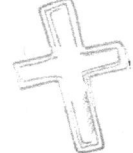

500. ¿En qué parábola ilustró Jesús cómo se debe tratar a los enemigos?

a. El hijo pródigo

b. La semilla de mostaza

c. Parábola de los talentos

d. El buen samaritano

501. ¿Cuál es una lección importante que podemos aprender de la Parábola del Sembrador?

a. Invertir sabiamente para cosechar recompensas

b. A no dejarnos engañar por las apariencias externas

c. No tener esperanzas de que la gente escuche

d. Sembrar generosamente sin esperar nada a cambio

502. ¿Cuál era el sentido de la parábola de Jesús sobre el hombre rico y sus almacenes?

a. Demostrar el poder de la oración

b. Para ilustrar cómo el dinero puede comprar la felicidad

c. Para subrayar la importancia de dar a los necesitados

d. Para advertir contra el acaparamiento de riqueza por motivos egoístas

503. ¿Cuál es una lección clave que podemos aprender de la parábola del buen samaritano?

a. Ayudar a los necesitados independientemente de su origen o creencias

b. Que las posesiones materiales no son importantes

c. Que la confianza no es importante

d. Que todo el mundo merece segundas oportunidades

504. ¿Cuál fue el mensaje más importante que Jesús transmitió a través de la parábola de la semilla de mostaza?

a. No temas lo que te espera.

b. Los milagros pueden ocurrir con fe.

c. Las grandes cosas surgen de pequeños comienzos.

d. No se desanime por los obstáculos.

505. ¿Qué parábola nos enseña la importancia de estar preparados para lo que nos espera?

a. La parábola de las diez vírgenes

b. La parábola de los talentos

c. La parábola del hijo pródigo

d. La Parábola del Buen Samaritano

506. ¿En qué parábola ilustró Jesús cómo debe uno utilizar los talentos que Dios le ha dado?

a. La parábola de la red del pescador

b. La parábola de los talentos

c. La parábola de la oveja perdida

d. La Parábola del Gran Banquete

507. ¿Cuál es una lección importante que podemos aprender de la Parábola del Siervo Despiadado?

a. *El perdón es esencial si queremos alcanzar la salvación.*

b. *El orgullo nos llevará a la perdición.*

c. *No se deje engañar por las apariencias externas.*

d. *Las grandes cosas vienen de pequeños comienzos.*

508. ¿En qué parábola enfatizó Jesús la importancia de invertir sabiamente?

a. *La parábola de las diez vírgenes*

b. *La parábola de los talentos*

c. *La parábola del hijo pródigo*

d. *La parábola de la red del pescador*

509. ¿Cuál es un mensaje importante que Jesús transmite a través de la Parábola de la oveja perdida?

a. *Debemos permanecer fieles a pesar de la tentación.*

b. *Los milagros pueden ocurrir con fe.*

c. *Todo el mundo merece segundas oportunidades.*

d. *Ninguna de las anteriores.*

510. ¿Qué parábola ejemplifica cómo la gente debe tratar a los demás como le gustaría ser tratada?

a. *Lázaro y el hombre rico*

b. *El buen samaritano*

c. *La semilla de mostaza*

d. *Parábola de los talentos*

LA ENTRADA DE JESÚS EN JERUSALÉN

¡Acompáñenos a explorar la historia de la entrada de Jesús en Jerusalén! ¿Cómo se desarrolló todo? ¿Qué significa este viaje para los cristianos de hoy? Responda a preguntas como estas mientras descubrimos los detalles de la entrada de Jesús en Jerusalén.

511. ¿Cuál es el nombre tradicional de la entrada de Jesús en Jerusalén?

a. *La entrada triunfal*
b. *Procesión del Domingo de Ramos*
c. *Ascensión de Cristo*
d. *Parusía*

512. ¿En qué animal cabalgaba Jesús cuando entró en Jerusalén?

a. *Caballo*
b. *Buey*
c. *Asno*
d. *Oveja*

513. ¿Con qué saludaron a Jesús en Jerusalén?

a. *Piedras*
b. *Ramas de palma*
c. *Uvas e higos*
d. *Monedas de oro y plata*

514. ¿Quiénes extendieron sus mantos delante de Jesús cuando cabalgaba hacia Jerusalén?

a. *Sus discípulos*
b. *Los soldados romanos*
c. *Sacerdotes judíos*
d. *El pueblo de Israel*

515. ¿Dónde se alojaba con frecuencia Jesús antes de su visita a Jerusalén?

a. Betania

b. Roma

c. Antioquía

d. Ninguna de las anteriores

516. ¿Qué Evangelios mencionan este episodio de la vida de Jesús?

a. Marcos y Mateo

b. Solo Juan

c. Lucas y Juan

d. Los cuatro Evangelios

517. De los siguientes, ¿quién acompañó a Jesús durante su entrada en Jerusalén?

a. Lázaro

b. José

c. Los discípulos

d. Ninguno de los anteriores

518. ¿Qué gritaron algunos de los presentes cuando Jesús atravesó a caballo las puertas de Jerusalén?

a. "¡Hosanna!"

b. "¡Alabado sea Dios!"

c. "¡Jesús es el Señor!"

d. "¡Vete!"

519. ¿Cuántos días pasó Jesús en Jerusalén antes de su arresto y crucifixión?

a. Dos

b. Tres

c. Cuatro

d. Cinco

520. ¿Quién de estos no estaba con Jesús cuando entró en Jerusalén?

a. María Magdalena

b. Tomás

c. Simón Pedro

d. Ninguno de los anteriores

521. Según Lucas 19:41, ¿cuál fue la reacción de Jesús cuando vio Jerusalén?

a. Lloró.

b. Gritó de alegría.

c. Rezó en silencio.

d. Alabó a Dios.

522. ¿De dónde venía Jesús cuando entró en Jerusalén?

a. Belén

b. Betania

c. Jericó

d. Cafarnaúm

523. ¿Qué emoción expresa el término Hosanna?

a. Alabanza

b. Alegría

c. Adoración

d. Todas las anteriores

524. ¿Qué fiesta debía celebrarse en el momento de la entrada triunfal de Jesús en Jerusalén?

a. La Pascua

b. Sucot

c. Purim

d. El Día de la Expiación

525. ¿Cuál fue el propósito de la entrada de Jesús en Jerusalén?

a. Comenzar su ministerio

b. Para reunirse con los sumos sacerdotes

c. A predicar en las sinagogas locales

d. Para celebrar la Pascua

LA ÚLTIMA CENA

La Última Cena es uno de los acontecimientos más conocidos de la Biblia. Marca la última comida de Jesús y sus últimos momentos antes de ser arrestado y finalmente crucificado. ¿Cuánto sabe sobre este momento?

526. ¿Qué creen los eruditos bíblicos que comieron Jesús y sus discípulos durante la Última Cena?

a. Pescado y pan

b. Cordero, pan sin levadura y hierbas amargas

c. Pasta

d. Carne asada con patatas

527. ¿Dónde se celebró la Última Cena?

a. En una habitación en el Monte Sión

b. En una montaña cerca de Nazaret

c. En Galilea, junto a un lago

d. En el palacio de Herodes

528. ¿Quién asistió a la Última Cena?

a. Jesús y sus doce discípulos

b. Los ángeles

c. María Magdalena

d. Los fariseos

529. ¿Qué hizo Judas Iscariote durante la Última Cena?

a. Se fue temprano.

b. Lloró.

c. Dio un sermón.

d. Cantó.

530. ¿Qué hizo Jesús con el pan en la Última Cena?

a. *Escupió en él*
b. *Lo tiró al suelo*
c. *Lo bendijo*
d. *Se lo comió todo*

531. ¿Quién mojó su mano en el mismo plato que Jesús durante la Última Cena?

a. *Simón Pedro*
b. *Judas Iscariote*
c. *Andrés*
d. *Juan*

532. ¿Cuántas copas se utilizaron para repartir el vino durante la Última Cena?

a. *Una*
b. *Dos*
c. *Tres*
d. *Cuatro*

533. ¿Cuándo se celebró la Última Cena según los relatos bíblicos?

a. *La noche anterior a la Pascua*
b. *La medianoche del Viernes Santo*
c. *Al amanecer del día de Pascua*
d. *El Jueves*

534. En el Libro de Juan, ¿qué les dijo Jesús a los discípulos que hicieran después de comer juntos en la Última Cena?

a. *Cantar alabanzas*

b. *Orar pidiendo perdón*

c. *Difunda la palabra de Dios*

d. *Amarse siempre los unos a los otros*

535. ¿Dónde apoyó Juan la cabeza mientras cenaba en la Última Cena?

a. *En el pecho de Jesús*

b. *Sobre el hombro de Andrés*

c. *Sobre el mantel*

d. *En el brazo de Mateo*

536. ¿Cómo es identificado Judas por Jesús en las Escrituras justo antes de dejar de estar en la Última Cena?

a. *Como su querido amigo*

b. *Como el traidor*

c. *Como siervo*

d. *Como mensajero*

537. ¿Qué importante rito cristiano se instituyó por primera vez durante la Última Cena?

a. *Liturgia*

b. *Eucaristía*

c. *Confirmación*

d. *Ninguna de las anteriores*

538. ¿Qué utilizó Jesús como ejemplo de su cuerpo durante la Última Cena?

a. Un cáliz de vino

b. Una hogaza de pan

c. Una rama de olivo

d. Un pez

539. ¿Quién no estuvo presente en la Última Cena?

a. María Magdalena

b. Pedro

c. Juan

d. Judas Iscariote

540. ¿Por qué se celebró la Pascua durante la Última Cena?

a. Para recordar la protección de Dios a su pueblo

b. Como ofrenda a Dios

c. Para honrar a Jesús

d. Por el nacimiento de Jesús

541. ¿Qué les dijo Jesús a sus discípulos antes de ser arrestado?

a. Que permanecieran fieles

b. Que se amaran los unos a los otros

c. A luchar por él

d. A no preocuparse por él

LA CRUCIFIXIÓN DE JESÚS

En este capítulo, responderá a preguntas sobre el juicio de Jesús, su sentencia y su sufrimiento en la cruz. ¿Quién fue el responsable de ordenar la ejecución de Jesús? ¿Cuántas veces negó Pedro conocerle después de su arresto? Recuerde que hay una clave de respuestas al final del libro por si se atasca.

542. ¿Quién fue el gobernante romano que ordenó la crucifixión de Jesús?

a. Herodes Antipas
b. Poncio Pilato
c. Julio César
d. Nerón Claudio César

543. ¿Cuántas veces negó Pedro conocer a Jesús después de su arresto?

a. Una vez
b. Dos veces
c. Tres veces
d. Cuatro veces

544. Según la tradición, ¿en qué día de la semana fue crucificado Jesús?

a. El viernes
b. Lunes
c. Martes
d. Miércoles

545. Según la tradición cristiana, ¿qué tipo de madera se utilizó para hacer la cruz para la crucifixión de Jesús?

a. Cedro
b. Ciprés
c. Pino
d. Todos los anteriores

546. En el Evangelio de Marcos, ¿cuántas veces predice Jesús su propia muerte

a. *Dos veces*
b. *Tres veces*
c. *Cuatro veces*
d. *Cinco veces*

547. ¿Qué color de túnica pusieron los soldados a Jesús durante su crucifixión?

a. *Rojo*
b. *Blanco*
c. *Azul*
d. *Morado*

548. ¿Quién preguntó a Pilato si podían llevarse el cuerpo de Jesús después de muerto?

a. *María Magdalena*
b. *José de Arimatea*
c. *Simón Pedro*
d. *Nicodemo*

549. ¿De qué se acusó a los otros criminales que fueron crucificados junto a Jesús?

a. *De ser ladrones*
b. *De incitar disturbios*
c. *Con adulterio*
d. *Ninguna de las anteriores*

550. ¿Cuánto tiempo estuvo Jesús en la cruz antes de morir?

a. Tres horas
b. Seis horas
c. Nueve horas
d. Doce horas

551. Según Lucas, ¿cuáles fueron las últimas palabras que pronunció Jesús en la cruz antes de morir?

a. "Padre, perdónalos".
b. "Consumado es".
c. "Yo soy el hijo de Dios".
d. "Padre, en tus manos encomiendo mi espíritu".

552. ¿Cuál de los siguientes fue testigo de la muerte de Jesús?

a. Juan el Bautista
b. Nicodemo

c. María, la madre de Jesús
d. Simón Pedro

553. ¿Qué le ofrecieron de beber a Jesús mientras colgaba de la cruz?

a. Sidra de manzana
b. Vino agrio
c. Vesícula biliar
d. Vinagre

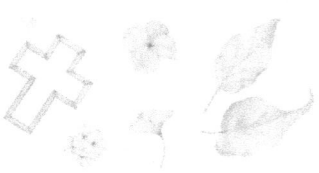

554. ¿Qué título dio Pilato a Jesús cuando fue crucificado?

a. Rey de los Judíos

b. Hijo del Hombre

c. Príncipe de la Paz

d. Salvador de Israel

555. ¿Qué evangelio sinóptico menciona que el cielo se oscureció repentinamente tras la resurrección de Jesús?

a. Mateo

b. Marcos

c. Lucas

d. Todos ellos

556. ¿Qué pusieron los soldados romanos en la cabeza de Jesús antes de morir?

a. Una corona de espinas

b. Un paño blanco

c. Un sombrero tonto

d. Ninguna de las anteriores

557. ¿Quién dijo: "Ciertamente, este era el Hijo de Dios", cuando vieron la crucifixión de Jesús?

a. El centurión

b. Simón Pedro

c. María Magdalena

d. José de Arimatea

558. ¿Cuál de las siguientes mujeres siguió y presenció la crucifixión?

a. Marta

b. María Magdalena

c. Isabel

d. Hannah

559. ¿Qué le hicieron los soldados a la ropa de Jesús cuando estaba en la cruz?

a. Las mojaron en vinagre

b. Las repartieron entre ellos

c. Los ofrecieron como regalo

d. Los quemaron

LA RESURRECCIÓN DE JESÚS

La resurrección de Jesús es una creencia fundamental del cristianismo. Esta sección examinará los acontecimientos que condujeron a su resurrección y que ocurrieron inmediatamente después, como quién movió la piedra de su tumba y en qué idioma hablaron los ángeles cuando se aparecieron allí.

560. ¿Cuánto tiempo después de la crucifixión resucitó Jesús?

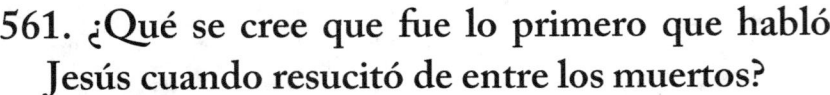

a. *Tres días*
b. *Dos semanas*
c. *Un día*
d. *Cinco días*

561. ¿Qué se cree que fue lo primero que habló Jesús cuando resucitó de entre los muertos?

a. *"La paz sea con vosotros".*
b. *"¡Estoy vivo!"*
c. *"Consumado es".*
d. *"¡Alégrense!"*

562. ¿Dónde estaba María Magdalena cuando se encontró por primera vez con Cristo resucitado?

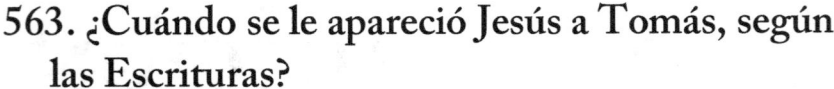

a. *En Jerusalén*
b. *En su casa de Galilea*
c. *En la tumba de Jesús*
d. *Ninguna de las anteriores*

563. ¿Cuándo se le apareció Jesús a Tomás, según las Escrituras?

a. *Después de dos días*
b. *Cuarenta días después*
c. *No vio a Tomás*
d. *Después de haberse reunido primero con los otros discípulos*

564. Según la Biblia, ¿cuántos ángeles aparecieron en la tumba de Jesús cuando resucitó?

a. Uno

b. Dos

c. Tres

d. Cuatro

565. ¿Qué dijo María Magdalena a los discípulos después de ver a Cristo resucitado?

a. "Id a Jerusalén".

b. "Yo le he visto".

c. "La paz sea contigo".

d. "Id y proclamadlo a todas las naciones".

566. ¿Quién fue enviado por Dios para hacer rodar la piedra de la tumba de Jesús?

a. Un ángel

b. José de Arimatea

c. Nicodemo

d. María Magdalena

567. ¿Dónde se apareció Jesús por primera vez a sus discípulos después de su resurrección?

a. En el Huerto de Getsemaní

b. En El Monte de los Olivos

c. En Nazaret

d. Ninguna de las anteriores

568. ¿Quién vio a dos ángeles vestidos de blanco cuando Jesús resucitó de entre los muertos?

a. María Magdalena

b. Pedro y Juan

c. José de Arimatea

d. Marta

569. ¿Cómo reaccionaron los guardias romanos al ver un ángel en la tumba de Jesús?

a. Se quedaron estupefactos.

b. Se inclinaron.

c. Se rieron.

d. Alabaron a Dios.

570. ¿Qué había en la piedra que habían movido de la tumba de Jesús?

a. Un letrero que decía "¡Ha resucitado!".

b. Una inscripción de su nombre

c. Nada

d. Un sello con la firma de Pilatos

571. Según las escrituras, ¿quién enterró a Jesús?

a. José de Arimatea

b. María Magdalena

c. Nicodemo

d. Los guardias romanos

572. ¿Qué le dijo el ángel a María cuando llegó a la tumba buscando el cuerpo de Jesús?

a. "Ha huido".

b. "No tengas miedo".

c. "Id y proclamadlo a todas las naciones".

d. "Soy un ángel enviado por Dios".

573. ¿En qué año creen los eruditos bíblicos que Jesús resucitó de entre los muertos?

a. 30 EC

b. 33 EC

c. 45 EC

d. 70 EC

574. ¿Qué emoción experimentó por primera vez Tomás cuando le hablaron de la resurrección de Jesús?

a. Miedo

b. Alegría

c. Duda

d. Ira

ASCENSIÓN DE JESÚS

La Ascensión de Jesús marca el momento en que Jesús ascendió al cielo. ¿Cuántos días transcurrieron después de su resurrección? ¿Dónde le vieron ascender exactamente sus discípulos? Estas preguntas y otras más le esperan en esta sección.

575. ¿Qué hizo Jesús después de dar sus últimas instrucciones a los apóstoles?

a. *Oró durante cuarenta días*
b. *Lloro amargamente*
c. *Proclamó el Reino de Dios*
d. *Ascendió al cielo*

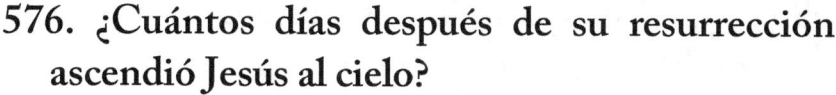

576. ¿Cuántos días después de su resurrección ascendió Jesús al cielo?

a. *Cuatro días*
b. *Cuarenta días*
c. *Tres días*
d. *Siete días*

577. ¿Dónde estaban los discípulos cuando vieron a Jesús ascender al cielo?

a. *En Galilea*
b. *En el estanque de Bethesda*
c. *El Monte de los Olivos*
d. *El Huerto de Getsemaní*

578. De los siguientes, ¿qué libro menciona directamente los acontecimientos de la Ascensión de Jesús?

a. *Epístola a los Hebreos*
b. *Hechos*
c. *Salmos*
d. *Apocalipsis*

579. ¿Cuál de los Evangelios también escribió en detalle sobre su ascensión?

a. Mateo

b. Marcos

c. Felipe

d. Lucas

580. ¿Cuántos discípulos estaban presentes cuando Jesús ascendió al cielo?

a. Cuatro

b. Ocho

c. Once

d. Doce

581. ¿Qué discípulo no estuvo presente en la ascensión de Jesús?

a. Tomás

b. Pedro

c. Judas

d. Andrés

582. Después de ascender, ¿dónde instruyeron dos ángeles a los apóstoles que no se marcharan hasta que recibieran un don de lo alto?

a. Roma

b. Jerusalén

c. Nazaret

d. Antioquía

583. Después de la ascensión de Jesús, ¿qué sucedió con los discípulos?

a. Se dispersaron atemorizados.

b. Se llenaron de alegría.

c. Se lamentaron durante días.

d. Continuaron predicando.

584. ¿Cuándo regresará Cristo según la creencia cristiana?

a. El Domingo de Resurrección

b. En Pentecostés

c. No se sabe

d. Tan pronto como sea posible

585. Según la Biblia, ¿dónde residiría Cristo después de su ascensión al cielo?

a. El Jardín del Edén

b. A la diestra de Dios

c. A las puertas del cielo

d. Ninguna de las anteriores

586. ¿En qué libro hay un relato de ángeles que hablan de la ascensión de Cristo?

e. Mateo

f. Juan

g. Marcos

h. Hechos

587. ¿Qué dijeron los ángeles cuando se aparecieron en la Ascensión de Jesús?

a. *"¡Alégrense porque ha resucitado!"*

b. *"¡Esto es obra de nuestro Señor y es maravilloso a nuestros ojos!".*

c. *"¡He aquí que pronto volverá!"*

d. *"Este mismo Jesús vendrá, así como le habéis visto ir al cielo".*

588. ¿Quiénes eran las dos figuras vestidas de blanco que se vieron en la ascensión de Cristo?

a. *Ángeles*

b. *Discípulos*

c. *Soldados*

d. *Fariseos*

589. ¿Cómo se celebra el Día de la Ascensión en el cristianismo?

a. *Con oración y ayuno*

b. *Asistiendo a los servicios religiosos*

c. *Mediante cantos y danzas*

d. *Todas las anteriores*

590. ¿Cuál es el significado de la ascensión de Jesús, según el cristianismo?

a. *Demostrar su poder*

b. *Para demostrar que era divino*

c. *Para demostrar su resurrección*

d. *Todas las anteriores*

EL DÍA DE PENTECOSTÉS

Una fecha importante en el calendario cristiano es Pentecostés. Marca un momento crucial que lo cambió todo para el futuro de esta fe. Pero, ¿qué significa Pentecostés? ¿Qué ocurrió durante este acontecimiento y quiénes participaron? ¡Responda a estas preguntas de trivial sobre Pentecostés!

591. ¿Qué significa la palabra "Pentecostés" en griego?

a. Diez días de preparación

b. Cincuenta

c. La Fiesta de las Semanas

d. Día de la Expiación

592. ¿Qué ocurrió en Pentecostés?

a. La muerte y resurrección de Jesucristo

b. La muerte de Juan el Bautista

c. La ascensión de Jesús al cielo

d. El descenso del Espíritu Santo

593. ¿Cuánto tiempo tardaron los apóstoles en recibir su don después de que Jesús ascendiera al cielo?

a. Un día

b. Siete días

c. Cuarenta días

d. Diez días

594. ¿Qué escucharon los que estaban presentes durante el día de Pentecostés?

a. Gotas de agua

b. Un terremoto

c. Ruidos del cielo

d. Ladridos de perros

595. ¿Quién dijo: "Esto es lo que dijo el profeta Joel"?

a. Pedro

b. Juan

c. Pablo

d. Santiago

596. Según Hechos 2:41, ¿cuál fue el resultado del sermón de Pedro en Pentecostés?

a. Unas tres mil personas se salvaron de sus pecados.

b. Unas cinco mil personas se convirtieron en seguidores de Cristo.

c. Diez mil judíos se convirtieron al cristianismo.

d. Doce discípulos eligieron seguir a Jesús.

597. ¿En qué fiesta se celebra Pentecostés en el judaísmo?

a. Shavuot

b. Yom Kippur

c. Pascua

d. Rosh Hashaná

598. ¿Qué les sucedió a los que oyeron y creyeron el día de Pentecostés?

a. Todos fueron asesinados.

b. Fueron sanados de sus enfermedades.

c. Recibieron el don de lenguas.

d. Recibieron el Espíritu Santo.

599. ¿Qué ave se cree que es una representación del Espíritu Santo?

a. Paloma

b. Halcón

c. Águila

d. Cuervo

600. ¿Qué animó Pedro a hacer a los que le escuchaban?

a. Arrepentirse y bautizarse.

b. Orar solo a Jesús.

c. Obedecer las leyes seculares y divinas.

d. Alejarse de Dios.

601. Según lo que dijo el profeta Joel, ¿qué señales físicas acompañarían cuando el Señor derramara su espíritu?

a. Fuego y viento

b. Lluvia y granizo

c. Truenos y relámpagos

d. Humo y milagros

602. Según la tradición, ¿cuál de los apóstoles escribió sobre este acontecimiento después de que hubiera ocurrido?

a. Mateo

b. Marcos

c. Lucas

d. Juan

603. ¿Qué hicieron los apóstoles después de recibir el Espíritu Santo?

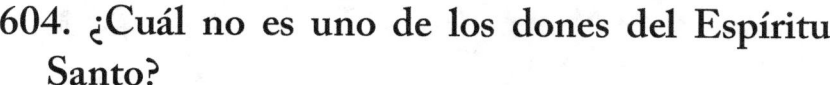

a. Se escondieron con miedo.

b. Oraron y ayunaron.

c. Predicaron en el nombre de Dios.

d. Huyeron a Jerusalén.

604. ¿Cuál no es uno de los dones del Espíritu Santo?

a. Comprensión

b. Sabiduría

c. Piedad

d. Suerte

605. ¿Qué concluyeron muchos habitantes de Jerusalén cuando se enteraron del día de Pentecostés?

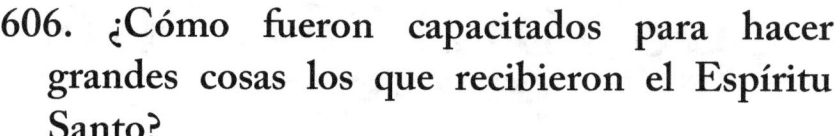

a. Fue un milagro.

b. Fue un espíritu maligno.

c. Fue obra de Satanás.

d. Era solo ruido.

606. ¿Cómo fueron capacitados para hacer grandes cosas los que recibieron el Espíritu Santo?

a. A través de su propio poder

b. A través de la intercesión humana

c. A través de los dones de Dios

d. A través de milagros

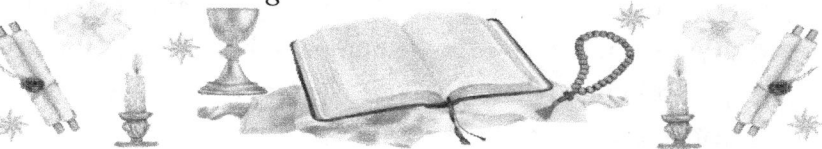

EL MINISTERIO Y LOS MILAGROS DE PEDRO

En esta sección, exploraremos la vida y el ministerio de uno de los discípulos más queridos de Jesús, Pedro. Veremos cómo se encontró por primera vez con Jesús, su papel como apóstol y algunos de los milagros que se le atribuyen durante su tiempo con Jesús. Responda a más preguntas sobre esta importante figura que abrió una puerta para que el cristianismo se extendiera a otras naciones.

607. ¿Cómo fue el primer encuentro de Pedro con Jesús?

a. En una sinagoga cercana mientras rezaba

b. Mientras echaba las redes en el mar de Galilea

c. A través de su hermano Andrés, que ya era uno de los discípulos de Jesús

d. En Jerusalén durante Pentecostés

608. ¿Qué acontecimiento marcó el inicio del ministerio de Pedro como apóstol?

a. El llamamiento de Leví Mateo como apóstol

b. Su participación en la alimentación de 5000 personas

c. El día de Pentecostés

d. Ver a Jesús transfigurado en el monte Tabor

609. ¿Cómo se llamaba el padre de Pedro?

a. Jacob

b. Juan

c. Simón

d. Ninguno de los anteriores

610. Después de convertirse en uno de los doce apóstoles, ¿qué le dio Jesús a Pedro según Mateo 16:19?

a. El poder de curar a los enfermos

b. Las llaves del reino de los cielos

c. La autoridad sobre todos sus seguidores

d. Control sobre un barco pesquero

611. ¿Cuál fue el primer milagro atribuido a Pedro en Hechos 3:1-10?

a. La curación de un hombre cojo de nacimiento

b. Resucitar a alguien de entre los muertos

c. Convirtiendo el agua en vino

d. Calmar un mar tempestuoso

612. ¿Qué sucede en la sección de la Biblia a la que a menudo se hace referencia como la Restauración de Pedro?

a. Jesús perdona a Pedro por haberle negado.

b. Pedro llora amargamente y pide clemencia a los soldados.

c. Los discípulos acogen a Pedro de nuevo entre sus filas.

d. Ninguna de las anteriores.

613. ¿Qué dos profetas se le aparecieron a Jesús cuando oraba en la montaña con Pedro, Juan y Santiago, según Lucas 9?

a. Samuel y Ezequiel

b. Elías y Moisés

c. Elías y Eliseo

d. Zacarías y Moisés

614. En Hechos 3:12-15, ¿de qué acusa Pedro a los judíos del Templo?

a. De ser responsables de la muerte de Jesús

b. De soportar a los gentiles

c. De perder sus modos de vida tradicionales

d. Todas las anteriores

615. ¿Qué le dijo Jesús a Pedro antes de ser arrestado y crucificado?

a. Que su fe nunca le fallaría

b. Que saliera por el mundo y predicara

c. Que se le daría un gran poder para sanar a otros

d. Que negara a Jesús tres veces

616. ¿Quién era Cornelio?

a. Centurión romano

b. Recaudador de impuestos romano

c. Maestro romano

d. Ninguno de los anteriores

617. ¿Qué hizo Cornelio cuando Pedro entró en su casa?

a. Se inclinó ante Pete.

b. Ofreció dinero para comprar la salvación.

c. Aceptó a Cristo como su salvador.

d. Pidió ser bautizado inmediatamente.

618. ¿Qué les dijo Pedro a los creyentes judíos cuando criticaron su decisión de predicar a los gentiles?

a. Que Jesús le ordenó hacerlo

b. Que estaba obedeciendo la voluntad de Dios

c. Que está mal que juzguen a los demás

d. Que todas las personas deben ser aceptadas como iguales

619. ¿Cómo curó Pedro a un mendigo tullido en Hechos 3:6-8?

a. Imponiéndole las manos y orando

b. Ungiéndole con aceite

c. Dándole dinero para comida y medicinas

d. Expulsando demonios de su interior

620. ¿Qué le dijo Pedro al Sanedrín cuando le interrogaron sobre su curación de un hombre tullido?

a. Que fue realizada a través del nombre de Jesús

b. Que Jesús le había ordenado sanar

c. Que cualquiera puede ser sanado si tiene fe

d. Que solo los que tienen grandes riquezas pueden ser curados

621. ¿De qué acusó Pedro a Ananías en Hechos 5?

a. De traicionar a Jesús con Judas

b. De matar a sus propios hijos

c. De ser codicioso y robar dinero

d. Todas las anteriores

622. ¿Qué le dijo Jesús a Pedro antes de ascender al cielo?

a. Que el Espíritu Santo no vendría a él

b. Que fuera por el mundo y predicara

c. A amarse unos a otros como hermanos y hermanas en Cristo

d. A perdonar a los que le han hecho daño

623. ¿Cómo respondió Pedro después de oír que Cornelio había recibido una visión de un ángel?

a. Habla del mensaje de Dios.

b. Dijo que era imposible.

c. Al principio se negó a creerlo.

d. Le preguntó a Cornelio por qué había sido elegido.

624. ¿Qué acontecimiento marcó el final del ministerio de Pedro como apóstol?

a. Su encarcelamiento y martirio

b. El llamamiento de Juan Marcos como apóstol

c. Su participación en la curación de un paralítico

d. Ver a Jesús ascender al cielo

625. ¿Cómo murió Pedro?

a. Fue crucificado cabeza abajo.

b. Fue apedreado por sus enemigos.

c. Murió de viejo después de muchos años de predicación.

d. Se ahogó mientras cruzaba el mar de Galilea.

LOS VIAJES DE PABLO

Pablo es recordado como un gran misionero y una figura influyente cuyos viajes dieron forma al cristianismo en muchas partes del mundo. Durante su vida, Pablo realizó cuatro viajes misioneros para difundir el evangelio. En esta sección se plantean preguntas sobre los viajes de Pablo, incluyendo lo que encontró por el camino y quién viajó con él.

626. ¿Cuál fue el propósito del primer viaje misionero de Pablo?

a. Plantar iglesias y difundir el evangelio a judíos y gentiles

b. Traer de vuelta a Pedro de Jerusalén

c. Recaudando dinero para un templo en Jerusalén

d. Ninguna de las anteriores

627. ¿Cuántas epístolas paulinas hay en total?

a. Siete

b. Diez

c. Doce

d. Trece

628. ¿Quiénes eran Bernabé, Silas, Timoteo, Juan Marcos y Lucas?

a. Discípulos que acompañaron a Pablo en sus viajes

b. Soldados romanos enviados por Nerón para perseguir a los cristianos

c. Líderes de las sinagogas judías que se oponían a las enseñanzas de Pablo

d. Sumos sacerdotes responsables de aprobar las decisiones tomadas por el Sanedrín

629. ¿Cuál de estas principales fue fundada por Pedro?

a. Constantinopla

b. Antioquía

c. Atenas

d. Alejandría

630. ¿Dónde predicó Pablo durante su segundo viaje misionero?

a. *Damasco, Siria*

b. *Atenas, Grecia*

c. *Corinto, Grecia*

d. *Éfeso, Turquía*

631. ¿Dónde fue encarcelado Pablo durante su segundo viaje misionero?

a. *Éfeso*

b. *Roma*

c. *Corinto*

d. *Filipos*

632. ¿Cuál de las epístolas paulinas es la más larga?

a. *Gálatas*

b. *Filipenses*

c. *Corintios*

d. *Romanos*

633. ¿Qué acontecimiento significativo ocurrió durante el tercer viaje misionero de Pablo?

a. *Fue capturado y encarcelado en Roma.*

b. *Declaró el cristianismo como religión oficial del Imperio romano.*

c. *El Concilio de Jerusalén se reunió para discutir la doctrina religiosa.*

d. *Se profetizó que sería arrestado por los gentiles.*

634. ¿Quién de estos acompañó a Pablo en su cuarto y último viaje misionero?

a. Lucas

b. Pedro

c. Santiago

d. Priscila y Aquila

635. ¿Quién de estos bautizó a Pablo según Hechos 9?

a. Ananías de Damasco

b. Simón Pedro

c. Santiago

d. Felipe el Evangelista

636. ¿Adónde les llevó este último viaje?

a. Éfeso, Turquía

b. Atenas, Grecia

c. Corinto, Grecia

d. Roma, Italia

637. ¿De qué ciudad era Lucas?

a. Jerusalén

b. Atenas

c. Antioquía

d. Damasco

638. ¿Cuál de estos lugares no visitó Pablo durante sus viajes?

a. Damasco

b. Roma

c. París

d. Antioquía

639. ¿Quién era Filemón, a quien se dirige una de las epístolas paulinas?

a. Un gobernador romano

b. Un líder de la Iglesia colosense

c. Un amigo de Pablo

d. Ninguno de los anteriores

640. ¿Cómo regresó Pablo a casa tras su segundo viaje?

a. En barco

b. A pie

c. En burro

d. A caballo

641. ¿Cuál fue la respuesta de la gente a la predicación de Pablo?

a. Se mostraron muy hostiles.

b. Muchos escucharon su mensaje, pero decidieron no bautizarse.

c. Nadie quería escuchar.

d. Tuvo un gran éxito convirtiendo tanto a judíos como a gentiles.

642. ¿En qué idioma está escrita la epístola paulina a los gálatas?

a. *Arameo*

b. *Hebreo*

c. *Latín*

d. *Griego koiné*

643. ¿Cuál es uno de los temas principales de las cartas de Pablo?

a. *La salvación mediante la fe en Jesucristo*

b. *La importancia de seguir la ley judía*

c. *La necesidad de seguir los rituales religiosos*

d. *Un llamamiento a los cristianos para que vivan santamente*

644. ¿Pablo se dirigía hacia qué ciudad cuando experimentó su famosa visión que cambió su vida?

a. *Antioquía*

b. *Damasco*

c. *Jerusalén*

d. *Filipos*

645. Cuando Saulo cambió de nombre, ¿cómo empezaron a llamarle?

a. *Pablo*

b. *Pedro*

c. *Santiago*

d. *Juan*

646. ¿Cuántas cartas se atribuyen a Pablo?

a. Trece

b. Doce

c. Diez

d. Veinte

647. ¿Aproximadamente cuándo emprendieron Pablo y Bernabé su primer viaje misionero?

a. 80 EC

b. 73 EC

c. 46 EC

d. 53 EC

648. ¿A dónde fueron enviados Pablo y Bernabé por el Espíritu Santo durante ese viaje misionero?

a. Siria

b. Asia Menor

c. Grecia

d. Ninguna de las anteriores

649. ¿Qué hicieron Pablo y Bernabé cuando encontraron resistencia por parte de la comunidad judía de Iconio?

a. Huyeron de la ciudad

b. Pronunciaron maldiciones contra ellos

c. Rezaron pidiendo la intervención divina

d. Invocó a las autoridades romanas

650. ¿Dónde fue encarcelado Pablo?

a. Damasco

b. Cesarea

c. Jerusalén

d. Antioquía

651. ¿Qué criatura atacó a Pablo en Malta según se describe en Hechos 28:3-6?

a. Escorpión

b. Serpiente

c. Lobo

d. Águila

652. Según los Hechos, ¿cuál era la ocupación de Pablo antes de convertirse y convertirse en apóstol?

a. Era maestro

b. Perseguía a los cristianos

c. Era un viajero

d. Ninguna de las anteriores

653. ¿Qué emperador romano se cree que fue responsable de la ejecución de Pablo?

a. Augusto

b. Tiberio

c. Nerón

d. Calígula

654. ¿Dónde fue enterrado Pablo?

a. *Jerusalén*

b. *Antioquía*

c. *Corinto*

d. *Roma*

DISCÍPULOS

Jesús llamó a doce discípulos para que le siguieran y enseñaran el Evangelio. Estos hombres permanecieron devotos a Jesús a pesar de los muchos obstáculos que encontraron en el camino. En esta sección, explorará quiénes fueron elegidos como discípulos de Cristo y responderá a preguntas sobre sus viajes y aventuras.

655. ¿Quién fue el primero de los discípulos de Jesús en ser martirizado?

a. Pedro
b. Santiago el Mayor
c. Juan
d. Andrés

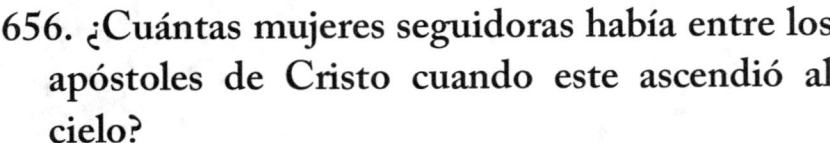

656. ¿Cuántas mujeres seguidoras había entre los apóstoles de Cristo cuando este ascendió al cielo?

a. Dos
b. Tres
c. Cuatro
d. Ninguno

657. ¿Cuál era el nombre del nuevo apóstol que sustituyó a Judas Iscariote, según los Hechos?

a. Lucas
b. Matías
c. Saulo
d. Ninguno de los anteriores

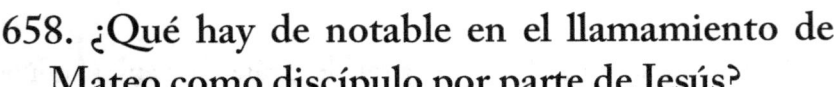

658. ¿Qué hay de notable en el llamamiento de Mateo como discípulo por parte de Jesús?

a. Que Mateo era recaudador de impuestos.
b. Que ocurrió durante una comida en su casa.
c. Se hizo en privado.
d. Fue el primero en ser llamado.

659. ¿Qué le preguntó Jesús a Pedro después de que este le negara?

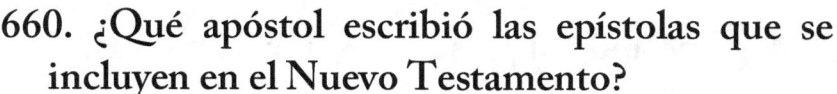

a. "¿Me amas más que éstos?".
b. "¿Estás dispuesto a seguirme?"
c. "¿Te quedarás conmigo hasta el final?".
d. "¿Puedo volver a confiar en ti?"

660. ¿Qué apóstol escribió las epístolas que se incluyen en el Nuevo Testamento?

a. Pablo
b. Pedro
c. Santiago
d. Todos los anteriores

661. ¿Cuántas parejas de hermanos formaban el círculo íntimo de discípulos de Cristo?

a. Dos
b. Tres
c. Cuatro
d. Cinco

662. ¿Cómo se llamaba el hermano de Juan que también era discípulo?

a. Santiago
b. Judas
c. Simón
d. Andrés

663. ¿A quién se refiere como el "discípulo a quien Jesús amaba"?

a. Pedro

b. Judas Iscariote

c. Tomás

d. Juan

664. ¿Qué apóstol presentó Natanael a Jesús?

a. Juan

b. Felipe

c. Tomás

d. Judas

665. ¿Quién fue el único apóstol que no creyó que Jesús había resucitado?

a. Pedro

b. Tomás

c. Juan

d. James

666. ¿Cuál era la profesión de Felipe antes de convertirse en uno de los discípulos de Cristo?

a. Pescador

b. Recaudador de impuestos

c. Carpintero

d. Médico

667. ¿A quién llamó Jesús para que fuera el líder de sus discípulos?

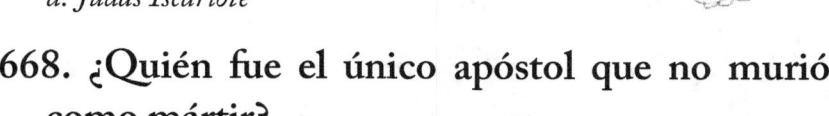

a. Pedro

b. Juan

c. Santiago

d. Judas Iscariote

668. ¿Quién fue el único apóstol que no murió como mártir?

a. Pedro

b. Juan

c. Santiago

d. Andrew

669. ¿Quién de ellos escuchó la voz de Dios en el río Jordán?

a. Juan el Bautista

b. Pedro

c. Judas Iscariote

d. Mateo

670. ¿A quién se conoce como el autor de los Hebreos?

a. Desconocido

b. Santiago

c. Peter

d. Juan

671. ¿Cómo fue elegido Matías como nuevo apóstol en lugar de Judas Iscariote?

a. Fue decisión de Pedro

b. Los discípulos echaron suertes

c. Según la voluntad de Jesús

d. Ninguna de las anteriores

672. ¿Quién, de estos, no fue uno de los doce apóstoles originales de Jesús?

a. Pablo

b. Pedro

c. Judas

d. Felipe

673. ¿A qué se refiere el término "gentiles"?

a. Los creyentes no judíos

b. Los creyentes judíos que no estaban circuncidados

c. Judíos que vivían fuera de Israel

d. Ninguno de los anteriores

674. ¿Quién se cree que fue el primer gentil que se convirtió al cristianismo?

a. Cornelio

b. Pablo

c. Pedro

d. Mateo

675. ¿Quién fue el primer mártir cristiano?

a. Esteban

b. Santiago

c. Pedro

d. Juan

676. ¿Cómo creyó Tomás que Jesús había resucitado realmente?

a. Pedro le hizo creer

b. El Espíritu Santo se lo comunicó

c. Creyó una vez que vio las heridas de Jesús de la crucifixión

d. Creyó después de orar durante 40 días

677. Después de Pentecostés, ¿qué ocurrió cuando los creyentes se entregaron a la enseñanza de los apóstoles?

a. Hablaron en lenguas.

b. Sanaban a los enfermos.

c. Predicaban solo a los niños.

d. Establecieron la Iglesia cristiana.

678. ¿Cuál fue el primer concilio eclesiástico que se celebró para tratar los problemas a los que se enfrentaban los primeros creyentes?

a. Concilio de Jerusalén

b. Concilio de Gálatas

c. Concilio de Antioquía

d. Conferencia de Filipos

679. ¿Cuál fue el resultado de este concilio?

a. *Se exigió la circuncisión legal.*

b. *Los gentiles no tenían que seguir la mayoría de las normas judías.*

c. *Judíos y gentiles debían separarse.*

d. *Los cristianos debían observar las costumbres judías.*

680. ¿Cómo se conoce comúnmente al apóstol Tomás?

a. *Tomás el Calvo*

b. *Tomás el Dudoso*

c. *Tomás devoto*

d. *Gran Tomás*

681. ¿De qué fue acusado Esteban, el primer mártir, por el Sanedrín?

a. *Idolatría*

b. *Robo*

c. *Blasfemia*

d. *Adulterio*

682. Según la Epístola a los Colosenses, ¿cuál era la profesión de Lucas el Evangelista?

a. *Médico*

b. *Maestro*

c. *Sacerdote*

d. *Ninguno de los anteriores*

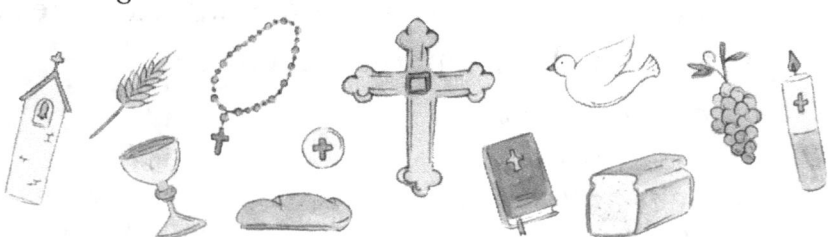

683. ¿Qué decidió este concilio con respecto a la conversión de los gentiles?

a. Los gentiles deben circuncidarse.

b. Los gentiles no necesitaban ser circuncidados.

c. Los judíos y los gentiles debían permanecer separados.

d. Los conversos debían observar siempre las costumbres judías.

684. ¿Con cuál de los apóstoles se peleó Pablo en Antioquía?

a. Santiago

b. Lucas

c. Pedro

d. Juan

685. ¿Cómo se denomina el acontecimiento durante el cual Jesús dio instrucciones a sus discípulos para que difundieran el mensaje cristiano por todo el mundo?

a. La Gran Comisión

b. El Gran Mandamiento

c. El Gran Viaje

d. Ninguna de las anteriores

PERSECUCIÓN DE LOS PRIMEROS CRISTIANOS

Hemos formulado algunas preguntas sobre la persecución de los primeros cristianos, pero este tema es tan importante que merece su propia sección. A lo largo de la larga y turbulenta historia del cristianismo, ha habido un patrón de persecución. Desde el Imperio romano hasta tiempos más modernos, aquellos que decidieron practicar su fe lo han hecho a pesar de las posibles consecuencias. En esta sección, responderá a preguntas sobre cristianos que fueron perseguidos por sus creencias.

686. ¿Qué término se utiliza para describir a aquellos que murieron voluntariamente por sus creencias en tiempos de persecución?

a. *Mártires*

b. *Herejes*

c. *Santos*

d. *Convictos*

687. ¿Cuál era el nombre del emperador romano que primero persiguió a los cristianos?

a. *Nerón*

b. *Augusto*

c. *Tiberio*

d. *Calígula*

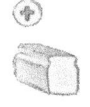    

688. ¿Qué libro de la Biblia narra historias sobre la persecución y el martirio de los primeros cristianos?

a. *Hechos*

b. *Génesis*

c. *Apocalipsis*

d. *Romanos*

689. ¿Quién fue el responsable de la muerte de Esteban, el primer mártir del cristianismo?

a. *Los gentiles*

b. *Soldados romanos*

c. *Fariseos judíos*

d. *Ninguno de los anteriores*

690. ¿Quiénes, entre ellos, participaron en la lapidación de Esteban?

a. Pedro

b. Tomás

c. Judas Iscariote

d. Saulo (Pablo)

691. ¿Cómo murió Policarpo, uno de los primeros mártires cristianos?

a. Crucifixión

b. Quemado en la hoguera y apuñalado

c. Decapitación

d. Lapidación

692. ¿Cómo trataban los romanos a los cristianos antes de enviarlos a la muerte?

a. Los golpeaban.

b. Los trataron decentemente.

c. Normalmente les sacaban los ojos.

d. A menudo los ahogaban.

693. ¿Cuál era la religión del Imperio romano antes de la aparición del cristianismo?

a. El budismo

b. Judaísmo

c. Paganismo

d. Islam

694. ¿Qué reprochó el emperador Nerón a los cristianos?

a. El asesinato de su hijo

b. Robo del Templo

c. Incendio de Roma

d. Ninguna de las anteriores

695. ¿Qué actividad llevó al martirio a muchos de los primeros cristianos?

a. La predicación pública

b. Rezar

c. Cantando

d. Ninguna de las anteriores

696. ¿Qué emperador romano organizó la última gran persecución de los cristianos?

a. Nerón

b. Calígula

c. Marco Aurelio

d. Diocleciano

697. ¿Cuál fue la principal razón para perseguir a los primeros cristianos?

a. La negativa a adorar a los dioses paganos romanos

b. Negativa a pagar impuestos

c. Predicación del amor

d. Intentos de asesinato del emperador

698. ¿En qué ciudad lanzó el emperador Valeriano su brutal campaña contra el cristianismo?

a. Atenas

b. Roma

c. Antioquía

d. Corinto

699. ¿Cómo se llamaba el edicto que legalizó el cristianismo en el Imperio romano en el año 313 de nuestra era?

a. Edicto de Roma

b. Edicto de Jerusalén

c. Edicto de Milán

d. Edicto de Rávena

700. ¿Qué tipo de castigo ordenó el emperador Decio para todo aquel que fuera sorprendido practicando el cristianismo?

a. Multas

b. Tortura

c. Muerte

d. Exilio

701. ¿Qué libro contiene un capítulo sobre la fundación de la Iglesia de Antioquía?

a. Hechos

b. Lucas

c. Apocalipsis

d. Juan

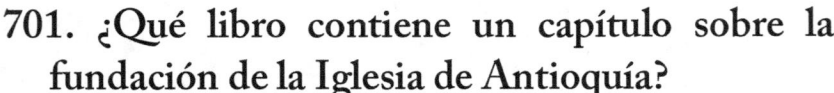

702. ¿Qué práctica se hizo obligatoria para los ciudadanos romanos en el año 250 de la era cristiana con un edicto emitido por el emperador Decio?

a. *Tener la estatua del emperador en cada ciudad*
b. *El sacrificio público*
c. *El culto a Zeus*
d. *Ninguna de las anteriores*

703. ¿Qué libro de la Biblia relata cómo Esteban, un mártir de los primeros cristianos, se enfrentó a sus acusadores con valentía y fe?

a. *Hechos*
b. *Génesis*
c. *Apocalipsis*
d. *Romanos*

704. ¿Qué emperador promulgó un edicto que obligaba a los ciudadanos del imperio a sacrificar a los dioses?

a. *Constantino*
b. *Augusto*
c. *Decio*
d. *Trajano*

705. Según la Biblia, ¿qué hicieron Pablo y Silas cuando los metieron en la cárcel por predicar el cristianismo?

a. *Rezaron*
b. *Lucharon*
c. *Maldijo*
d. *Ninguna de las anteriores*

706. ¿Qué tipo de castigo ordenó el emperador Valeriano para todo aquel que fuera sorprendido practicando el cristianismo?

a. Destierro

b. Muerte

c. Multas

d. Ninguna de las anteriores

707. ¿Durante qué periodo de la historia fue mayor la persecución cristiana?

a. Los inicios del Imperio romano

b. La Edad Media

c. El Renacimiento

d. La Ilustración

708. ¿Qué emperador romano legalizó el cristianismo en toda Roma en el año 313 de la era cristiana?

a. Octavio Julio César

b. Constantino

c. Tiberio

d. Nerón

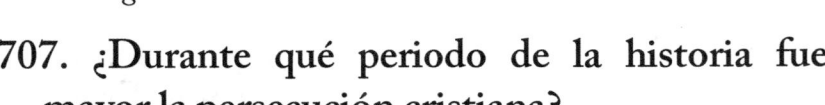

LA EXPANSIÓN DEL EVANGELIO

En este capítulo, exploraremos cuestiones que se centran en las enseñanzas de Jesús sobre la salvación a través de la fe, la gracia y el amor y en las personas que ayudaron a difundir esos mensajes. Examinaremos cuestiones como a qué se refiere el término "evangelio" y a quién se atribuye la redacción de la mayor parte de lo que conocemos sobre el evangelio. Empecemos sumergiéndonos en nuestra primera pregunta.

709. ¿A qué se refiere el término "evangelio"?

a. *Las enseñanzas de Jesús en los escritos de Mateo, Marcos, Lucas y Juan*

b. *Los cuatro libros del Nuevo Testamento que hablan de la vida y el ministerio de Jesús*

c. *El mensaje de salvación proclamado por Jesucristo*

d. *Todos los anteriores*

710. ¿Qué libro de la Biblia describe a Felipe predicando a un eunuco etíope?

a. *Hechos*

b. *Juan*

c. *Gálatas*

d. *Romanos*

711. ¿De qué trata el último pasaje del Libro de Mateo?

a. *La Ascensión*

b. *La Gran Comisión*

c. *La Resurrección*

d. *Ninguna de las anteriores*

712. ¿Los Hechos de los Apóstoles son la continuación de qué evangelio evangélico?

a. *Mateo*

b. *Marcos*

c. *Lucas*

d. *Juan*

713. ¿Quién fue la primera persona que predicó el evangelio fuera de Jerusalén?

a. Felipe
b. Pedro
c. Santiago
d. Pablo

714. ¿Cuál de los evangelios contiene pasajes sobre la Gran Comisión?

a. Solo Mateo
b. Mateo y Lucas
c. Mateo, Lucas y Marcos
d. Mateo, Marcos, Lucas y Juan

715. ¿De qué habla el capítulo final del Evangelio de Marcos?

a. La Ascensión
b. La Resurrección
c. El Pentecostés
d. Ninguna de las anteriores

716. Después del capítulo 8 de Hechos, ¿quién no vuelve a aparecer en ningún otro esfuerzo evangelizador registrado en la Biblia?

a. Juan
b. Mateo
c. Pedro
d. Felipe

717. ¿Qué les dijo Jesús a sus discípulos que predicaran a todas las naciones?

a. Los Diez Mandamientos

b. Su muerte y resurrección

c. Sus milagros

d. Todo lo anterior

718. ¿Qué dos libros constituyen más de una cuarta parte de todo el Nuevo Testamento?

a. Marcos y Mateo

b. Lucas y Hechos

c. Hechos y Marcos

d. Mateo y Juan

719. Según la tradición, ¿quién escribió el Evangelio de Marcos?

a. Mateo

b. Lucas

c. Pablo

d. Juan Marcos

720. ¿En qué idioma se escribió el Evangelio de Mateo?

a. Hebreo

b. Griego

c. Latín

d. Arameo

721. ¿Con qué se identifica a Dios en el capítulo inicial del Evangelio de Juan?

a. Jesús

b. El amor

c. La Palabra

d. Todo

722. ¿Cuántos Evangelios hay en el Nuevo Testamento?

a. Uno

b. Dos

c. Tres

d. Cuatro

723. ¿Qué dos libros de la Biblia contienen la mayoría de las parábolas de Jesús?

a. Marcos y Lucas

b. Mateo y Lucas

c. Hechos y Efesios

d. Romanos y Corintios

724. ¿Qué evangelio canónico es el más corto?

a. Lucas

b. Marcos

c. Mateo

d. Juan

725. ¿Dónde consta que Pablo predicó en la colina de Marte en Atenas?

a. Hechos

b. Efesios

c. Romanos

d. Gálatas

726. Según la tradición, ¿quién escribió el Evangelio de Juan?

a. Mateo

b. Lucas

c. Pablo

d. Juan

727. ¿De qué trata el último pasaje del Evangelio de Juan?

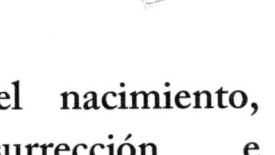

a. Tomás el Dudoso

b. Reinstauración de Pedro

c. Ascensión de Jesús

d. Ninguna de las anteriores

728. ¿Quién escribió sobre el nacimiento, ministerio, muerte, resurrección e instrucciones de Jesús a sus seguidores?

a. Juan

b. Marcos

c. Mateo

d. Todos los anteriores

729. ¿Cuál es la fuente de poder que Jesús prometió a sus seguidores?

a. El Espíritu Santo

b. La oración

c. Sus enseñanzas

d. Su fe

730. ¿Cuál de estos autores es el que más ha contribuido al Nuevo Testamento?

a. Lucas

b. Marcos

c. Mateo

d. Juan

731. Según Hechos 8:26-27, ¿a dónde fue enviado el apóstol Felipe por un ángel?

a. Egipto

b. Siria

c. Etiopía

d. Armenia

LA SEGUNDA VENIDA DE JESÚS

Aunque mucho sobre el regreso de Jesús permanece envuelto en el misterio, se pueden encontrar ciertos aspectos en las Escrituras. La Biblia revela muchos detalles sobre este trascendental acontecimiento, como cómo se llama y qué señales indican cuándo puede volver. Así que, ¡abróchese el cinturón mientras exploramos el tema de la Segunda Venida de Jesús!

732. ¿Cuál es otro nombre para la Segunda Venida de Jesús?

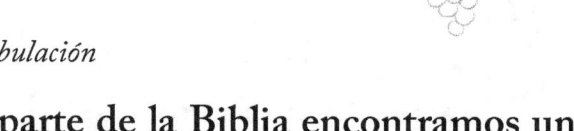

a. *El Rapto*
b. *Armagedón*
c. *La Parusía*
d. *La Gran Tribulación*

733. ¿En qué parte de la Biblia encontramos una descripción del regreso de Jesús a la tierra?

a. *El Antiguo Testamento*
b. *Nuevo Testamento*
c. *Apócrifos*
d. *Pseudoepígrafos*

734. ¿Qué libro de la Biblia ofrece un relato detallado de la segunda venida de Jesús?

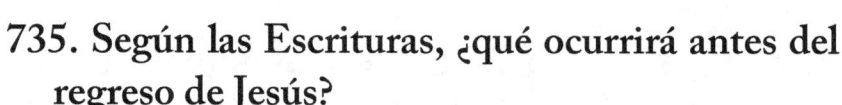

a. *Apocalipsis*
b. *Mateo*
c. *Génesis*
d. *Juan*

735. Según las Escrituras, ¿qué ocurrirá antes del regreso de Jesús?

a. *El Día del Juicio*
b. *Rapto*
c. *Reino de mil años*
d. *Todo lo anterior*

736. ¿En cuál de estos pasajes de las Escrituras se profetiza la segunda venida de Jesús?

a. Hechos 1:10-11

b. Juan 3:16

c. Lucas 8:43–48

d. Ninguna de las anteriores

737. ¿Cuáles son algunas señales que indican cuándo podría ocurrir el regreso de Cristo según las Escrituras?

a. Desastres naturales

b. Señales en el cielo

c. Guerras y rumores de guerra

d. Todo lo anterior

738. Según las escrituras, ¿cuál será el resultado del regreso de Jesús?

a. La victoria sobre la muerte

b. Creación de un nuevo cielo

c. Destrucción de todo mal

d. Todo lo anterior

739. ¿Qué les dijo Pablo a los tesalonicenses con respecto a la Segunda Venida de Cristo?

a. Que no creyeran que Cristo ya había vuelto a menos que se hubiera producido la rebelión

b. Puede que no regrese en absoluto

c. Es imposible saber cuándo vendrá.

d. Ninguna de las anteriores

740. Según las escrituras, ¿cuál es el propósito del regreso de Cristo?

a. Castigar a los malvados

b. Para traer la paz a la tierra

c. Para reunir a su pueblo en el paraíso

d. Todas las anteriores

741. Según las escrituras, ¿quién es bendecido por el regreso de Cristo?

a. Los creyentes en él

b. Los malvados

c. Animales

d. Todos los habitantes de la tierra

742. ¿En qué momento vendrá Jesús de nuevo, según las Escrituras?

a. No se dice

b. Al mediodía

c. Medianoche

d. Amanecer

743. Además del Apocalipsis, ¿qué evangelios sinópticos mencionan la Segunda Venida de Cristo?

a. Mateo y Marcos

b. Marcos y Lucas

c. Lucas y Mateo

d. Los tres

EL MILENIO

El Milenio se describe como el reinado de Jesús en la Tierra. Responda a las preguntas sobre este reinado predicho, incluyendo qué libro habla de él y cuánto tiempo permanecerá Jesús como gobernante.

744. ¿Cómo se llama el libro de la Biblia que habla del Milenio?

a. Génesis

b. Apocalipsis

c. Éxodo

d. Números

745. ¿Cuánto tiempo reinaría Jesús en la tierra durante el Milenio?

a. Mil años

b. Dos mil años

c. Tres mil años

d. Para siempre

746. ¿Qué significa la palabra "milenio"?

a. Edad media

b. Mil años

c. Fin de los tiempos

d. Un nuevo comienzo

747. ¿En qué capítulo del Apocalipsis Satanás es atado y encadenado durante mil años?

a. Capítulo 11

b. Capítulo 12

c. Capítulo 13

d. Capítulo 20

748. Según algunas interpretaciones, ¿quiénes son los primeros en ser resucitados para reinar con Cristo durante el Milenio?

a. Los mártires

b. Los santos

c. Las mujeres y los niños

d. Ninguno de los anteriores

749. ¿De quién se dice que un día reinará con Jesús en la tierra durante el Milenio?

a. Los santos

b. Todos los creyentes

c. Los ángeles

d. Animales

750. ¿Qué se hará con las personas malvadas que sobrevivan a todas las tribulaciones y guerras antes de entrar en estos mil años?

a. Recibirán nuevos cuerpos.

b. Sufrirán por sus actos.

c. Morirán instantáneamente.

d. No tendrán que enfrentarse a ningún juicio.

751. ¿Qué describe Isaías como parte de la vida durante el gobierno de Cristo en la tierra?

a. El Reino de Israel

b. Un nuevo comienzo

c. Tristeza

d. Paz

752. ¿Qué sucederá con el reino animal durante el Milenio?

a. *Todos serán destruidos.*

b. *Solo existirán en el cielo.*

c. *No se mencionan en absoluto.*

d. *Vivirán pacíficamente junto a los humanos.*

753. Según el Apocalipsis, ¿qué acontecimiento marca el inicio del Milenio?

a. *El regreso de Jesús*

b. *La resurrección de los muertos*

c. *La atadura de Satanás en el infierno*

d. *La purificación de la tierra*

754. ¿A qué se refieren típicamente los eruditos como el Rapto?

a. *La resurrección de los cristianos muertos y su elevación a los cielos*

b. *La purificación de la tierra*

c. *La atadura de Satanás en el infierno*

d. *El regreso de Jesús*

755. ¿Cuál es el propósito del Milenio?

a. *Deshacerse de la tierra*

b. *Para castigar a los pecadores*

c. *Para recompensar a los santos*

d. *Para restaurar el reino de Dios en la tierra*

756. ¿En qué libro habla Isaías sobre la paz y la prosperidad que vendrán durante el reinado de Cristo en la tierra?

a. Génesis

b. Éxodo

c. Isaías

d. Apocalipsis

757. ¿Qué le sucederá a Satanás después de que se complete el Milenio?

a. Será liberado.

b. Será destruido.

c. Permanecerá atado en el infierno.

d. Ninguna de las anteriores.

758. ¿Qué le ocurrirá a la tierra durante el Milenio, según el Apocalipsis?

a. Será purificada.

b. Será destruida.

c. Permanecerá sin cambios.

d. Ninguna de las anteriores.

EL JUICIO FINAL

El Día del Juicio Final es un concepto del que se ha hablado en muchas tradiciones religiosas. Habla de un día en el que todos serán juzgados por sus acciones durante la vida. Esta sección examina el Juicio Final y plantea cuestiones como quién será juzgado, con qué criterios se le juzga y cómo se lleva a cabo el juicio.

759. Según la Biblia, ¿quién será juzgado en el Día del Juicio Final?

a. Los creyentes en Jesucristo

b. Los no creyentes en Jesucristo

c. Los que tienen un buen carácter moral

d. Todas las personas

760. ¿Cuál es el criterio principal para el juicio según Mateo 25:31-46?

a. Fidelidad y lealtad hacia los demás

b. La cantidad de tiempo dedicado a la oración

c. Las buenas obras realizadas durante la vida

d. Ninguna de las anteriores

761. ¿Cuántos libros se abrirán en el Juicio Final descrito en Apocalipsis 20:12?

a. Cinco

b. Dos

c. Tres

d. Cuatro

762. ¿Qué libro mencionado en el Apocalipsis contiene una relación de los actos de todas las personas durante su vida?

a. El Libro de la Vida

b. El Libro de los Muertos

c. El Primer Libro

d. No se menciona.

763. ¿Qué pecado, según 1 Corintios 6, es un pecado contra el propio cuerpo?

a. La inmoralidad sexual

b. Romper el ayuno

c. Idolatría

d. Adoración de Satanás

764. Según Apocalipsis 20:15, ¿quién será arrojado al infierno después de ser juzgado?

a. Los que no tengan fe en Jesucristo

b. Aquellos cuyos nombres no estén escritos en el Libro de la Vida.

c. Todos los pecadores

d. Todos los creyentes

765. ¿De qué color es el trono que se describe en Apocalipsis 20:11?

a. Rojo

b. Negro

c. Blanco

d. Dorado

766. ¿Qué es el lago de fuego descrito en Apocalipsis 20:14-15?

a. Un lugar para el juicio de Dios

b. La segunda muerte

c. La vida eterna

d. Una imagen para asustar a los pecadores y que se arrepientan

767. ¿Quién preside el Juicio Final mencionado en Juan 5:22-23?

a. Jesucristo
b. Satanás
c. Gabriel
d. Miguel

768. ¿Sobre qué base juzga Jesús a las personas según Hebreos 4:13?

a. Por su fe y lealtad hacia él
b. Por la evaluación de sus corazones y mentes
c. Determinando el número de buenas acciones realizadas durante su vida
d. Mediante un examen de todo lo que han dicho o hecho a lo largo de su vida

769. ¿Con quién compara 1 Pedro 4:5 a las personas que han pecado?

a. Satanás
b. Los gentiles
c. Paganos
d. Ninguno de los anteriores

770. ¿En qué capítulo describe el Apocalipsis los libros iniciales del Juicio Final?

a. Capítulo 10
b. Capítulo 13
c. Capítulo 15
d. Capítulo 20

771. En Mateo 25, ¿qué dice Jesús sobre los expulsados en el Día del Juicio?

a. Son malditos para siempre.

b. Encontrarán la paz.

c. No hay esperanza de redención.

d. Su castigo es eterno.

772. ¿En qué capítulo del Apocalipsis se describe el lago de fuego?

a. Capítulo 19

b. Capítulo 20

c. Capítulo 22

d. Capítulo 23

EL CIELO

La Biblia toca el tema del cielo en muchos libros diferentes. Estas preguntas pondrán a prueba sus conocimientos sobre lo que se ha escrito, como qué tipo de fruta crece en sus árboles y el nombre del gran trono blanco de la ciudad celestial. No olvide que puede encontrar las respuestas al final del libro.

773. ¿Cuál es el lugar de dicha eterna donde moran Dios y sus ángeles?

a. El cielo
b. El Jardín del Edén
c. El infierno
d. El purgatorio

774. ¿Cuántos ángeles custodian el trono de Dios en el cielo?

a. Doscientos millones
b. Tres mil
c. Catorce
d. No se especifica.

775. ¿En qué libro dice Jesús: "Voy a prepararos un lugar"?

a. Juan
b. Apocalipsis
c. Lucas
d. Mateo

776. ¿Cuál es el nombre del trono donde Dios se sienta para juzgar según Apocalipsis 20:11?

a. El Trono de la Gracia
b. El Trono de Misericordia
c. El Trono de Justicia
d. El Gran Trono Blanco

777. Según Isaías 25:8, ¿qué sucede cuando las personas que han sufrido en la tierra son llevadas a la presencia de Dios en el cielo?

a. No experimentarán más dolor.

b. Recibirán sus recompensas.

c. Recibirán nuevos cuerpos.

d. Ninguna de las anteriores.

778. ¿En qué libro se dice que las calles del cielo están hechas de oro y sus puertas de perlas?

a. Salmos

b. Proverbios

c. Mateo

d. Apocalipsis

779. ¿Qué es lo que   nunca se necesitará en el cielo?

a. Dinero

b. Comida

c. Empleo

d. Todo lo anterior

780. ¿En qué libro se dice que el trono de Dios está rodeado de Serafines?

a. Job

b. Isaías

c. Salmos

d. Jeremías

781. Según Romanos 8:18, ¿qué pueden esperar los creyentes cuando entren en el cielo?

a. *Una nueva vida*

b. *No más sufrimiento*

c. *Un placer sin fin*

d. *Ninguna de las anteriores*

782. ¿De qué están hechos los muros que rodean la ciudad celestial según Apocalipsis 21:17-20?

a. *Jaspe*

b. *Diamantes*

c. *Rubíes*

d. *Perlas*

783. Según Apocalipsis 4:3, ¿cuántos ojos tiene cada uno de los cuatro seres vivientes en el cielo?

a. *Cuatro*

b. *Dos*

c. *Seis*

d. *No se especifica.*

784. Según Mateo 22:30, ¿qué sucede si uno se casa en el cielo?

a. *Permanecerán juntos por toda la eternidad.*

b. *Serán separados.*

c. *Tendrán parejas diferentes.*

d. *No podrán casarse en el cielo.*

785. ¿En qué libro dice que la morada de Dios está por encima de los cielos?

a. *Génesis*

b. *Proverbios*

c. *Isaías*

d. *Éxodo*

786. ¿Qué tipo de árbol se alza junto al río según Apocalipsis 22:2?

a. *Cedro*

b. *Roble*

c. *Manzano*

d. *Árbol de la vida*

787. ¿Quién acompañará a Jesús cuando descienda del cielo?

a. *Dios*

b. *Pedro*

c. *Ángeles*

d. *Adán*

788. ¿Qué tipo de fruta crece en los árboles que bordean las calles de la ciudad celestial según Apocalipsis 22:2?

a. *Muchos tipos diferentes de fruta*

b. *Uvas*

c. *Manzanas*

d. *Los frutos de la vida*

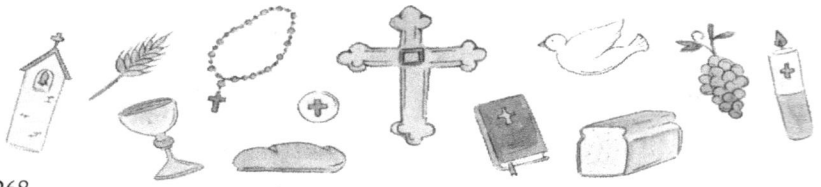

789. ¿En qué libro se dice que el cielo es el trono de Dios?

a. Salmos

b. Mateo

c. Isaías

d. Todos los anteriores

790. ¿Cuál de estas piedras no se menciona en Ezequiel 28:13-14?

a. Lapis

b. Zafiro

c. Esmeralda

d. Topacio

791. ¿En qué libro se dice que no hay noche en el cielo?

a. Isaías

b. Apocalipsis

c. Juan

d. Mateo

792. ¿Cuántas puertas tiene el cielo según Apocalipsis 21:21?

a. Cinco

b. Doce

c. Siete

d. Veintidós

ÁNGELES

Los ángeles son seres misteriosos y poderosos que se mencionan tanto en el Antiguo como en el Nuevo Testamento. En el arte cristiano tradicional, los ángeles han sido representados con dos o cuatro alas, pero ¿cuántas suelen tener? ¿Cómo se llama el ángel caído que se rebeló contra la autoridad de Dios? En este capítulo se plantearán estas preguntas y muchas más.

793. ¿Cuántas alas suelen tener los ángeles en el arte cristiano tradicional?

a. Cuatro

b. Dos

c. Seis

d. Ocho

794. ¿Con cuántas alas se representa a los ángeles en la Biblia?

a. Dos

b. Cuatro

c. Veinte

d. Nunca se indica.

795. ¿Cuál es el nombre del ángel caído que se rebeló contra la autoridad de Dios?

a. Lucifer

b. Satanás

c. Zagan

d. Belcebú

796. ¿Por quién fue guiado Daniel durante su tiempo en el cautiverio babilónico?

a. Arcángel Gabriel

b. El ángel Jofiel

c. Querubín

d. Serafín

797. ¿Qué libro de la Biblia menciona a un ángel llamado Abaddón?

a. Ezequiel

b. Apocalipsis

c. Daniel

d. Génesis

798. ¿Cuántos arcángeles se mencionan en la Biblia?

a. Dos

b. Tres

c. Seis

d. Ocho

799. ¿De qué designó Dios a Miguel como príncipe?

a. El cielo

b. El infierno

c. Tierra

d. Israel

800. ¿Quién fue enviado por Dios para derrotar a 185.000 soldados asirios en una noche?

a. El arcángel Gabriel

b. Ángel Jofiel

c. Abaddón

d. No se especifica.

801. ¿En qué libro se le aparece un ángel a Gedeón y le anuncia su destino como gran líder de Israel?

a. *Números*

b. *Jueces*

c. *Éxodo*

d. *Deuteronomio*

802. Según el libro del Apocalipsis, ¿a qué ángel se le da autoridad sobre el pozo sin fondo?

a. *Serafín*

b. *Belcebú*

c. *Abaddón*

d. *Lucifer*

803. ¿En qué libro se puede encontrar que los ángeles son convocados por el sonido de una trompeta?

a. *Números*

b. *Isaías*

c. *Ezequiel*

d. *Apocalipsis*

804. ¿Quién fue enviado por Dios para destruir Sodoma y Gomorra, dos ciudades llenas de maldad?

a. *Dos ángeles*

b. *El arcángel Gabriel*

c. *Un ejército de israelitas*

d. *Ninguno de los anteriores*

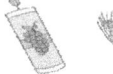   

805. ¿Cuántos ángeles estuvieron presentes en la tumba de Jesús después de su resurrección de entre los muertos?

a. Dos

b. Cuatro

c. Seis

d. Ocho

806. ¿En qué libro aparece un ángel en el sueño de Jacob en su viaje de regreso a casa desde Mesopotamia?

a. Génesis

b. Éxodo

c. Levítico

d. Deuteronomio

807. ¿Quién fue el ángel que luchó contra Satanás para defender el cuerpo de Moisés?

a. Abaddón

b. Uriel

c. Miguel

d. Rafael

808. ¿Qué ordenó el arcángel cuando se disputaba con Satanás la posesión del cuerpo de Moisés?

a. "¡Vete!".

b. "Dios no lo olvidará".

c. "¡El Señor te reprenda!".

d. "¡Serás castigado!".

809. ¿A quién se le apareció el ángel en Génesis 22:11-15?

a. *Agar*

b. *Moisés*

c. *Jacob*

d. *Abraham*

810. ¿En qué libro los ángeles anuncian buenas noticias a los pastores en las afueras de Belén?

a. *Números*

b. *Jueces*

c. *Lucas*

d. *Deuteronomio*

811. ¿Cuántos ángeles custodiaron el Edén después de la expulsión de Adán y Eva, según Génesis 3:24?

a. *Dos*

b. *Cuatro*

c. *Seis*

d. *No se especifica.*

812. ¿En qué libro se puede encontrar a un ángel rescatando a la mujer de Lot, que se había convertido en una estatua de sal por desobedecer las órdenes?

a. *Ezequiel*

b. *Isaías*

c. *Mateo*

d. *Génesis*

813. ¿Qué tarea realizó un ángel para Elías en 1 Reyes 19:5-7?

a. *Le trajo comida y bebida*

b. *Prendió fuego a sus enemigos*

c. *Le ayudó a escapar del peligro*

d. *No se especifica.*

814. ¿En qué libro se le aparece un ángel a Josué en Jericó?

a. *Números*

b. *Jueces*

c. *Éxodo*

d. *Josué*

815. ¿Quién se cree que es el más poderoso de todos los ángeles, según la mitología judía?

a. *Arcángel Gabriel*

b. *Ángel Jofiel*

c. *Metatrón*

d. *Satanás*

816. ¿Cómo se sintió Zacarías cuando un ángel se le apareció mientras ofrecía incienso en el altar del incienso?

a. *Estaba emocionado.*

b. *Tuvo miedo.*

c. *No reaccionó.*

d. *Ninguna de las anteriores.*

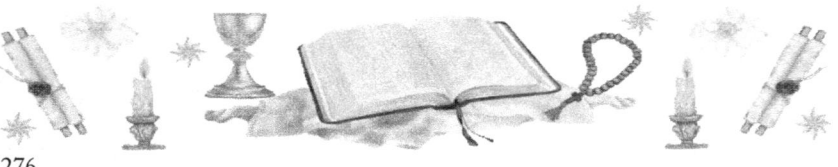

817. ¿Cuántos ángeles se nombran en el Nuevo Testamento?

a. Dos

b. Cuatro

c. Tres

d. Ocho

818. ¿Qué tipo de criaturas vio Ezequiel en su visión que describió como teniendo cuatro caras y cuatro alas?

a. Querubines

b. Serafines

c. Ángeles

d. Bestias

DEMONIOS Y MONSTRUOS

Durante siglos, estas criaturas de otro mundo han cautivado nuestra imaginación con historias de tentación y terror. Desde la historia de Jesús en el desierto hasta el folclore judío sobre los dybbuks, exploraremos las fuerzas oscuras que se cree que existen en las Escrituras y en las tradiciones abrahámicas. Saldremos de la Biblia para algunas de estas cuestiones, pero esperamos que salga de esta sección aprendiendo algo nuevo.

819. Según las escrituras, ¿qué ocurrió cuando Jesús ordenó a un grupo de demonios que abandonaran a sus huestes humanas y entraran en una piara de cerdos?

a. Los cerdos corrieron por un acantilado hacia el mar.

b. Provocaron un terremoto que destruyó parte de un pueblo.

c. Los cerdos se volvieron violentos y se atacaron entre ellos.

d. Los demonios se fueron pacíficamente y no hicieron daño a nadie.

820. En el folclore judío, ¿qué se cree que son los dybbuks?

a. Un espíritu humano incorpóreo malicioso

b. Demonios que habitan en los humanos

c. Demonios que traen la desgracia

d. Demonios que causan enfermedades

821. En el Libro de Job, ¿cómo se describe a Behemoth?

a. Una criatura marina gigante

b. Una poderosa tormenta

c. Un gran dragón

d. Una bestia parecida a un elefante

822. Según algunas historias del folclore judío, ¿de qué se alimentan los demonios?

a. Almas

b. Sangre

c. Suciedad

d. No hay una creencia establecida para esto

823. En el folclore judío, ¿qué se dice que hace Lilin?

a. *Atacar a los hombres*

b. *Crear el caos*

c. *Robar niños*

d. *Poseer humanos*

824. Según algunas tradiciones cristianas, ¿cuál es el nombre del demonio que tienta a la gente con la lujuria?

a. *Incubus*

b. *Behemoth*

c. *Beelzebul*

d. *Mamut*

825. En el folclore judío, ¿con qué nombre se conoce a Samael?

a. *Un demonio simpático*

b. *El rey de un reino maligno*

c. *El arcángel de la muerte*

d. *Un poderoso ángel caído*

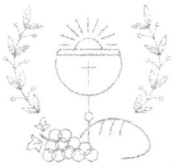

826. ¿Qué le dijo Jesús al hombre poseído de Gerasene que hiciera cuando fue curado?

a. *"Ve y cuéntale a la gente lo que el Señor ha hecho por ti".*

b. *"Predica el evangelio".*

c. *"Ora pidiendo perdón".*

d. *"Síganme".*

827. En el folclore judío, ¿qué se cree que son los shedim?

a. Guerreros feroces

b. Bestias salvajes

c. Espíritus malignos o demonios

d. Ángeles caídos

828. Según las escrituras, ¿cuántos demonios expulsó Jesús de María Magdalena?

a. Dos

b. Cinco

c. Siete

d. No se especifica

829. Según la tradición cristiana, ¿con quién se suele asociar a Belial?

a. Dios

b. Satanás

c. Ángeles

d. Ninguno de los anteriores

830. ¿Por qué ayudó Jesús a la hija de la mujer sirofenicia que estaba poseída?

a. No era su misión.

b. La ayudó debido a su fe.

c. Debería expulsarlos ella misma.

d. Él enviaría a sus discípulos para ayudarla.

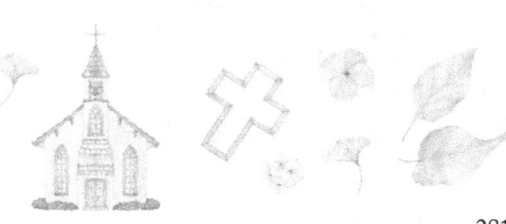

831. Según algunas tradiciones cristianas, ¿cuál es el nombre de un grupo de siete poderosos demonios?

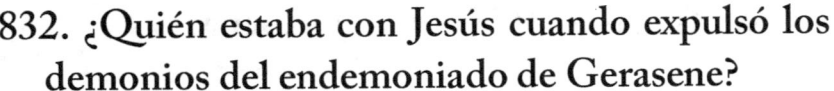

a. Los Caídos
b. Los Siete Serafines
c. Los Siete Príncipes del Infierno
d. Los Siete Arcángeles

832. ¿Quién estaba con Jesús cuando expulsó los demonios del endemoniado de Gerasene?

a. Los discípulos
b. Una multitud de curiosos
c. Su madre María
d. Ninguna de las anteriores

833. En el folclore judío, ¿qué se cree que hacen los shedim?

a. Provocar enfermedades
b. Conceder deseos
c. Robar niños
d. Ninguna de las anteriores

834. ¿Qué ordenó Jesús a un espíritu inmundo cuando se lo encontró en una sinagoga?

a. "Vete y no peques más".
b. "¡Sal de él!".
c. "Sígueme".
d. "Ora pidiendo perdón".

835. Según algunas tradiciones cristianas, ¿quién es el príncipe de los demonios?

a. Baalzebub

b. Zacarías

c. Belphegor

d. Satanás

SATÁN

Satán es una figura célebre en la tradición cristiana y en la cultura pop. A menudo se hace referencia a él con diferentes nombres. En este capítulo, exploraremos lo que las Escrituras nos dicen sobre Satanás y cómo se le ha representado en la Biblia.

836. ¿Cómo se refiere la Biblia a Satanás?

a. El tentador

b. El maligno

c. El león rugiente

d. Todo lo anterior

837. ¿En qué libro se menciona (o alude) a Satanás por primera vez?

a. Génesis

b. Éxodo

c. Job

d. Deuteronomio

838. ¿En qué libro de la Biblia podemos encontrar un relato en el que Jesús es tentado por Satanás?

a. Mateo

b. Hechos

c. Apocalipsis

d. Juan

839. ¿Qué nos dice Efesios 6:11 que nos vistamos contra las artimañas del diablo?

a. Ropa

b. Escudos y espadas

c. Armadura de Dios

d. Dinero

840. ¿Qué capítulo de Job relata cómo Satanás obtuvo permiso de Dios para poner a prueba la fidelidad de Job?

a. *Capítulo 1*

b. *Capítulo 4*

c. *Capítulo 7*

d. *Capítulo 10*

841. ¿Cómo intentó Satanás persuadir a Jesús para que convirtiera las piedras en pan?

a. *Ofreciéndole dinero*

b. *Apelando a su hambre*

c. *Utilizando la fuerza*

d. *Cuestionando su confianza en el poder de Dios*

842. ¿A quién se refiere como el "padre de la mentira" en Juan 8:44?

a. *Adán*

b. *Abraham*

c. *El diablo*

d. *Los demonios*

843. Según Isaías 14:12-14, ¿qué nombre tenía Satanás antes de su caída en desgracia?

a. *Lucifer*

b. *Abaddón*

c. *Belial*

d. *Belcebú*

844. ¿Cuál es el significado de la palabra "Satanás"?

a. *Adversario*

b. *Destructor*

c. *Príncipe*

d. *Engañador*

845. ¿Qué versículo nos dice que debemos resistir a Satanás cuando nos tiente?

a. *Santiago 4:7*

b. *Judas 1:9*

c. *Efesios 6:11*

d. *Pedro 5:8*

846. ¿Cómo se refirió Jesús a Satanás en Mateo 4:3-4?

a. *Un hombre muy malvado*

b. *Un adversario*

c. *Un tentador*

d. *Un ladrón*

847. En 1 Pedro 5:8, ¿cómo debemos resistir las tentaciones de Satanás?

a. *Con oración y ayuno*

b. *Huyendo de él*

c. *Con fe y paciencia*

d. *Estando alerta y con mente sobria*

848. ¿Qué le dijo la esposa de Job que hiciera cuando sufría los ataques de Satanás?

a. Bendecir a Dios

b. Maldecir a Dios

c. Ignorarlo

d. Aceptar su castigo

849. ¿Quién se dice que es "el acusador de nuestros hermanos y hermanas, que los acusa ante nuestro Dios día y noche" en Apocalipsis 12:9-10?

a. La Bestia

b. El Anticristo

c. Satanás

d. Ninguno de los anteriores

850. ¿Quién se dice que ató y encadenó al dragón (Satanás) durante mil años, según Apocalipsis 20?

a. Miguel

b. Jesucristo

c. Gabriel

d. No se especifica

CONCLUSIÓN

Este trivial de la Biblia ha explorado una amplia gama de temas, desde la creación hasta el Día del Juicio Final.

Ha respondido a preguntas sobre cómo Dios creó los cielos y la tierra, formó a Adán y Eva a su imagen y les proporcionó el Jardín del Edén como hogar.

Después de que el pecado entrara en el mundo, emprendimos un viaje trivial a través del diluvio de Noé, la línea familiar de Abraham, la historia de José, Moisés conduciendo a los israelitas a la libertad y Moisés recibiendo los Diez Mandamientos en el monte Sinaí.

Desde Elías enfrentándose a reyes malvados hasta Ester salvando a su pueblo de la destrucción, usted ha respondido a docenas de preguntas sobre el valor y la fidelidad en tiempos de prueba, al tiempo que se le ha recordado en todo momento que Dios siempre es fiel, no importa lo que le espere.

El Trivial de la Biblia se ha llenado de lecciones sobre la fe en las promesas de Dios, sean cuales sean nuestras circunstancias. A través de la Biblia, podemos ver cómo Él siempre nos es fiel, aunque tardemos siglos o milenios en ver cómo se desarrolla su plan.

CLAVE DE RESPUESTAS

CREACIÓN DE LOS CIELOS Y LA TIERRA

1. *a. Seis*
2. *a. Separación de la luz de las tinieblas*
3. *b. Tierra y plantas*
4. *a. Agua y animales del cielo*
5. *d. Sexto día*
6. *a. Dios*
7. *c. Creó el cielo*
8. *a. Uno*
9. *a. Creó el sol, la luna y las estrellas*
10. *b. Bueno*

CREACIÓN DE ADÁN Y EVA

11. *d. Génesis*
12. *b. Polvo de la tierra*
13. *c. Adán*
14. *d. Eva*
15. *d. La costilla de Adán*
16. *a. Fueron creados a imagen de Dios*
17. *a. El Jardín del Edén*
18. *d. Todo lo anterior*
19. *a. Un día*
20. *b. Eran iguales*
21. *d. Todo lo anterior*
22. *a. Adán*

JARDÍN DEL EDÉN

23. *a. Dios*
24. *d. Árbol de la ciencia del bien y del mal*
25. *b. Fruto del árbol prohibido*
26. *d. Ninguna de las anteriores*
27. *c. Cuatro*
28. *d. Desconocido*
29. *a. Árbol del conocimiento*
30. *d. No especificado*
31. *a. Adán y Eva*
32. *a. Génesis*
33. *d. Querubines*
34. *a. Lugar de placer*
35. *Pecado y expulsión del Jardín del Edén*
35. *d. No comerlo ni tocarlo*
36. *a. Por desobediencia al mandamiento de Dios*
37. *c. Una serpiente*
38. *c. La maldice obligándola a arrastrarse sobre su vientre y a comer polvo.*

39. a. Abrigos de pieles
40. a. Sin especificar
41. c. Puso ángeles a su entrada.
42. d. Desconocido
43. a. Se avergonzaron
44. d. Todo lo anterior
45. a. Para siempre
46. a. Se volvieron mortales

EL LINAJE DE ADÁN Y EVA

47. b. Tres
48. b. Enoc
49. d. Irad
50. b. Taré
51. b. Abraham y Sara
52. d. Mahalath
53. a. Terrateniente
54. b. Diecinueve
55. c. Betsabé
56. d. Todos los anteriores
57. a. José
58. a. Isabel y Zacarías
59. c. Seis
60. a. Labán
61. c. Jacob
62. c. Jamón
63. b. Mical
64. a. Acaz

NOÉ Y EL DILUVIO UNIVERSAL

65. b. Cuarenta días y cuarenta noches
66. d. Ninguna de las anteriores
67. d. Dios
68. b. Dos
69. d. Madera de topo
70. b. Siete días
71. c. Sacrificar como ofrenda a Dios
72. a. Arrepiéntete de tus pecados o serás destruido
73. a. Construir un altar a Dios
74. b. Cuervo
75. a. Monte Ararat
76. b. Convertirse en agricultor
77. a. 5000 AEC
78. a. No volver a enviar tal castigo
79. a. Miembros de la familia

TORRE DE BABEL

80. c. Sinar
81. c. Para hacerse un nombre alcanzando el cielo
82. d. Ninguna de las anteriores
83. a. Dios confundió el lenguaje de la gente para que hablaran lenguas diferentes.
84. d. Sin especificar.
85. c. Lo desaprobó.
86. d. Dios
87. b. Génesis
88. b. Lo destruyó.
89. d. Dios

ABRAHAM Y SU FAMILIA

90. a. Pastor
91. b. Agar
92. a. Uno
93. a. "Dios proveerá el cordero

para su propio sacrificio".

94. c. Que los despidiera.

95. b. Que sería el escudo y protector de Abraham

96. d. Era rey en el momento en que Abraham regresó victorioso de la batalla.

97. c. Noventa años

98. d. Sara

99. c. Canaán

100. c. Princesa de las naciones

101. b. Se rio con incredulidad.

102. c. Todas las anteriores

103. d. Setenta y cinco años

104. b. Canaán

105. d. Árabes

106. a. Un esclavo de Egipto

107. b. 85 años

108. b. El desierto de Parán

109. a. Doce hijos

110. a. Un ángel

ISAAC, EL HIJO DE ABRAHAM

111. a. Abimelec

112. a. Moriah

113. d. Abraham

114. a. Risa alegre

115. b. Siervos

116. a. Rebeca

117. b. Diez camellos

118. c. Dios se apareció en sueños.

119. a. Cien años

120. a. Una cueva en el desierto de Macpela

121. c. Carnero

122. a. "No le pongas la mano encima".

123. d. "Ahora sé que temes a Dios".

124. a. El poder y la gloria de Dios

125. a. Tres días

126. b. Hebrón

127. Jacob, Esaú y Raquel

127. a. Un tazón de estofado

128. c. Jacob

129. d. Dios

130. b. Para recibir la herencia familiar

131. a. Ella mintió a Isaac sobre quién pedía la bendición.

132. b. Ángeles subiendo y bajando una escalera

133. c. Catorce años

134. a. Rebeca y Jacob

135. a. Él amenazó con matar a Jacob.

136. a. Ella le aconsejó que huyera a Labán.

137. b. Dos esposas

138. a. Ella lo negó.

139. a. Egipto

140. b. Los padres de las doce tribus de Israel

JOSÉ Y SU VIAJE

141. a. Jacob

142. b. Estaban celosos de José.

143. c. Tanto A como B

144. c. Treinta años

145. a. Egipto

146. *b. Dos*
147. *c. Viajaron a Egipto*
148. *d. José*
149. *d. José mismo*
150. *b. Dos*
151. *a. Manasés*
152. *a. En cisternas de diferentes ciudades egipcias*
153. *d. Once*
154. *a. José*
155. *d. Efraín*

LAS DIEZ PLAGAS DE EGIPTO

156. *c. Sangre en el río Nilo*
157. *a. Tres días*
158. *b. Mosquitos o piojos*
159. *d. Ganado*
160. *a. Los israelitas*
161. *d. Oscuridad*
162. *d. Ninguna de las anteriores*
163. *d. Muerte de todos los primogénitos egipcios*
164. *b. Dios*
165. *b. Pascua*
166. *a. Las hijas hebreas recién nacidas*
167. *c. Dios hizo soplar el viento*
168. *a. Un Cordero*

EL ÉXODO

169. *a. Aarón*
170. *c. Ahogándose en el mar Rojo después de que Dios lo separara para Moisés y su pueblo*

171. *d. Moisés*
172. *d. Moisés (A también es aceptable)*
173. *b. Después de la experiencia de la zarza ardiente*
174. *d. Bithiah*
175. *a. Cuarenta años*
176. *b. Dio instrucciones a Moisés para que lo dividiera.*
177. *a. Ochenta años*
178. *a. 600,000*
179. *d. Moisés*
180. *a. Maná y codornices*
181. *b. Una columna de nube y una columna de humo*
182. *c. Un becerro de oro*

LOS DIEZ MANDAMIENTOS

183. *a. Moisés*
184. *a. En tablas de piedra*
185. *a. El monte Sinaí*
186. *d. Dos*
187. *c. Haz a los demás lo que quieras que te hagan a ti.*
188. *a. Mantente leal a Dios*
189. *d. Todas las anteriores*
190. *b. Construir altares a Dios*
191. *a. No decir mentiras sobre los demás*

EL VIAJE A LA TIERRA PROMETIDA

192. *d. Josué*
193. *c. Doce*
194. *a. Doce tribus*

195. b. El río Jordán

196. c. Jericó

197. a. Siete días

LOS JUECES

198. a. Samuel

199. a. Le atacó con un cuchillo escondido bajo su capa.

200. a. Quería castigar a su pueblo por no apoyarle.

201. d. Sacrificar lo que saliera primero cuando volviera a casa

202. b. Tenían sesenta hijos e hijas.

203. d. Madianitas

204. a. Era un buey de carga.

205. a. Profeta

206. d. Vuelve sus espadas unas contra otras.

207. d. Su familia

208. b. Fue apresado por los filisteos

209. a. Sansón

EL REINO DE ISRAEL

210. b. David

211. a. Saúl

212. c. Siglo XI a. C.

213. a. Salomón

214. d. Siete

215. a. Nehemías

216. b. Salomón

217. b. Otoniel

218. d. Is-boset

219. c. Cis

220. a. Salomón

221. d. Jeroboam

222. a. 120 años

223. c. Samuel

224. c. David

225. b. Samuel

226. a. Batalla del monte Gilboa

227. c. Absalón

228. d. Ninguno de los anteriores

229. b. Hazor

230. a. Lanza

231. a. Mical

232. c. Valle de Ela

233. a. Roboam

234. c. Setecientas esposas

235. b. Salomón

236. c. Cuarenta años

237. b. Hebrón

GOLIAT Y DAVID

238. d. Saph

239. b. Siete

240. d. Honda

241. c. Samuel

242. a. Un poco más de seis codos

243. c. Los filisteos

244. b. Lo llevó a Jerusalén.

245. d. No se indica

246. d. Su hija

247. d. Su ropa de diario

248. b. Belén

249. b. Lo guardó.

250. a. Pastor

251. c. Arpa

252. a. Un día

253. d. Comida

254. c. Cinco
255. b. Su armadura

SALOMÓN Y SU REINADO

256. a. Natán
257. a. Setenta años
258. b. El bebé debía partirse por la mitad.
259. b. Se fue a casa con su legítima madre.
260. b. Hiram
261. d. Todas las anteriores
262. a. Adoraba a otros dioses.
263. d. Ahías
264. a. El Templo
265. b. Cuarenta años
266. d. Todo lo anterior
267. d. Salomón
268. a. Ninguno de los anteriores
269. a. 967 a. C.
270. c. La reina de Saba
271. a. Su sabiduría
272. c. El Segundo Templo
273. d. La sabiduría

ROBOAM Y EL REINO DIVIDIDO

274. a. Rechazó su petición de impuestos más ligeros
275. d. Israel
276. a. Semaías
277. a. Jeroboam
278. b. Los ídolos
279. d. Los ancianos
280. a. Abías
281. a. Abías

282. c. Poco más de veinte años
283. d. Doce
284. a. Asá
285. c. Le concedería una dinastía duradera.
286. c. Adoración de ídolos
287. a. Ahías

ELÍAS

288. d. No está establecido.
289. d. Invocó fuego del cielo.
290. b. Eliseo
291. b. Beerseba
292. c. Recibió instrucciones de regresar y ungir a Hazael como rey.
293. a. Ungió a Eliseo para que fuera su sucesor
294. d. Ninguna de las anteriores
295. d. La viuda de Sarepta
296. d. En un torbellino
297. c. Heredó una doble porción de su espíritu
298. b. El monte Carmelo
299. d. Fue recogido por Eliseo
300. b. Moisés

ELISEO

301. b. Purificar el agua de un pueblo
302. b. El rey de Aram
303. c. Él y sus descendientes fueron maldecidos con lepra
304. a. Aceite de oliva
305. c. Cien
306. a. El río Jordán

307. *b. Cuarenta y dos*

308. *a. Invocó una maldición en nombre de Dios.*

309. *d. La mujer sunamita*

310. *a. Sal*

311. *d. Eliseo*

312. *d. No se especifica.*

313. *a. Le dijo a Naamán que se bañara en el río Jordán siete veces.*

314. *d. La mujer sunamita*

REYES DE JUDÁ E ISRAEL

315. *a. Jehú*

316. *b. Eliseo*

317. *b. Atalía*

318. *a. Veinte*

319. *b. Ezequías*

320. *a. Joás*

321. *a. Ezequías*

322. *a. Nadab*

323. *d. Israel*

324. *c. Joás*

325. *a. Omri*

326. *a. Sedequías*

327. *d. Imperio babilónico*

328. *a. Zacarías*

329. *d. Amós*

330. *d. Joram*

331. *b. Ezequías*

332. *b. Jezabel*

PROFETAS DEL ANTIGUO TESTAMENTO

333. *a. Jeremías*

334. *a. Jeremías*

335. *d. Todos los anteriores*

336. *d. Todos los anteriores*

337. *b. Jeremías*

338. *b. Jonás*

339. *b. El final del cautiverio babilónico*

340. *d. Samuel*

341. *b. Israel*

342. *d. Todos los anteriores*

EL CAUTIVERIO BABILÓNICO

343. *a. Nabucodonosor II*

344. *a. Setenta años*

345. *b. Jeremías*

346. *c. La guerra de Babilonia con Persia*

347. *d. Como castigo por desobedecer a Dios (B también es aceptable)*

348. *b. El libro de Daniel*

349. *b. Ciro el Grande*

350. *b. Joaquín*

351. *b. Una visión dada a Daniel*

352. *d. El Libro de Esdras*

353. *b. Era el tío de Joaquín*

354. *a. 538 a. C.*

355. *d. Gedalías*

356. *d. Nehemías*

357. *b. Zorobabel*

358. *d. Más de cuarenta años*

359. *b. El rey Ciro ayudó proporcionando fondos.*

360. *d. Esdras*

361. *b. Josué*

362. *a. Más de cuarenta mil*

363. Un período en el que se permitió al pueblo regresar a sus hogares y se perdonaron algunas de sus deudas

ESTER Y LA HISTORIA DE PURIM

364. a. Defendió a su pueblo y lo salvó de la destrucción
365. b. Siglo V a. C.
366. a. Dos veces
367. a. Consejera principal del rey
368. b. Vino
369. b. Para celebrar la victoria de Mardoqueo y Ester
370. a. Vasti
371. a. Ayunar y rezar
372. b. Es uno de los dos únicos libros de la Biblia que no mencionan a Dios.
373. c. Ester
374. b. Inclinarse ante él
375. b. Una celebración anual en honor de la reina Ester

NACIMIENTO DE JUAN EL BAUTISTA

376. a. Zacarías
377. b. Alegría
378. a. Eran de edad avanzada.
379. a. Quedó mudo.
380. c. Nueve meses
381. a. Un ángel
382. c. Seis meses
383. b. Primo

384. b. Se quedó con su prima tres meses
385. a. Alabaron a Dios.
386. a. Alabó a Dios.

LA ANUNCIACIÓN A LA SANTÍSIMA VIRGEN

387. b. El Evangelio de Lucas
388. a. Un ángel
389. b. Emmanuel
390. a. José
391. c. "No temas, porque has hallado gracia ante Dios".
392. a. En Nazaret
393. a. Gabriel
394. b. Quería divorciarse de ella.
395. a. Será grande y le llamarán Hijo de Dios.
396. c. La fiesta de la Anunciación
397. d. Ella pidió más aclaraciones.
398. c. Simboliza la obediencia y la fidelidad a Dios.
399. c. El 25 de marzo
400. b. "Bendita tú eres entre todas las mujeres".
401. b. María y Gabriel

EL NACIMIENTO DE JESÚS

402. a. Miqueas
403. c. Mateo y Lucas
404. c. En un establo de Belén
405. c. Un ángel avisó a los pastores que estaban cerca
406. b. Navidad

407. a. La estrella de Belén

408. b. Tres

409. a. El rey David

410. c. Vendas de pañales

411. a. Incienso, oro y mirra

412. d. El rey Herodes

413. b. Tuvo su ceremonia de circuncisión.

414. a. Para escapar del rey Herodes, que quería matar a Jesús

415. b. Asno

416. a. Dios con nosotros

417. c. Se trasladó a Nazaret.

418. b. A los cuarenta días

BAUTISMO DE JESÚS

419. a. Río Jordán

420. b. "Este es mi Hijo amado".

421. a. Juan Bautista y el Espíritu Santo

422. b. Alrededor de los treinta años

423. c. Para probar su divinidad

424. c. El Espíritu de Dios descendió sobre él.

425. a. Marcó el comienzo de su misión terrestre.

426. a. "Necesito ser bautizado por ti, ¿y tú vienes a mí?".

427. a. Mostró humildad y obediencia.

428. d. Juan el Bautista

429. a. Porque se sentía indigno

430. b. Para limpiarlos simbólicamente del pecado

431. d. Juan

432. a. "¡He aquí el Cordero de Dios!".

433. a. Buscaban el perdón mediante la confesión y el arrepentimiento.

434. d. Todo lo anterior.

MINISTERIO Y MILAGROS DE JESÚS

435. a. Convertir el agua en vino

436. a. Predicar y enseñar sobre el reino de Dios

437. c. Los reprendió.

438. b. "Tus pecados quedan perdonados".

439. c. Cafarnaúm

440. d. Cuatro

441. a. Pagó su impuesto y el de Pedro con una moneda de cuatro dracmas.

442. b. Caná

443. d. Demostró su gloria y su santa capacidad.

444. a. Cerca de cinco mil

445. c. "He aquí verdaderamente un israelita en quien no hay engaño".

446. b. Le dijo que no la condenaba.

447. a. Cómo recibir la vida eterna

448. c. Cuatro hombres

449. b. Porque la casa de Jesús estaba llena de sus muchos seguidores

450. b. Está poniendo a prueba a Jesús

451. d. Juan

452. b. Multiplicando los panes y los peces

453. c. Volcó sus mesas.

454. c. Diez

455. d. La hija de Jairo

456. b. Los regañó

457. c. Lucas

458. c. Un joven rico

459. a. Seremos perdonados a cambio.

460. d. Ama a Dios con todo tu corazón.

461. a. Un ciego de Betsaida

462. b. Creer en él

463. b. En una montaña cerca de Cafarnaúm

464. d. Una mujer samaritana

465. a. La salvación ha llegado hoy a su casa.

TENTACIÓN DE JESÚS

466. b. "No solo de pan vivirá el hombre, sino de toda palabra que sale de la boca de Dios".

467. c. Tres veces

468. b. Ángeles

469. c. Poder

470. c. Mateo

471. c. Cuarenta días

472. c. Pan

473. a. Convertir las piedras en pan

474. c. La gente debe poner su confianza en Dios

475. c. Galilea

476. d. Todo lo anterior

SERMÓN DE LA MONTAÑA

477. c. Proporcionar instrucciones para vivir como Dios manda

478. d. No se especifica.

479. c. Cerca de Galilea

480. a. Varios días

481. a. Las bienaventuranzas

482. c. Ocho

483. c. Los que tienen hambre y sed de fama

484. d. Perdónalos

485. a. Se asombraron.

486. c. Justos

487. b. Amar a sus enemigos

488. c. Cumplir la ley

489. a. Sus discípulos

490. a. Un pecado

491. c. Buscar venganza

492. c. Un idiota o tonto

493. d. Debe evitarse

494. d. Poner la otra mejilla

PARÁBOLAS DE JESÚS

495. a. Una lección moral

496. d. La parábola de la viuda persistente

497. a. El hijo pródigo

498. c. La oveja y la moneda perdidas

499. a. Las consecuencias de una
vida vivida sin Dios
500. d. El buen samaritano
501. d. Sembrar generosamente
sin esperar nada a cambio
502. d. Para advertir contra el
acaparamiento de riquezas
por motivos egoístas
503. a. Ayudar a los necesitados
independientemente de su
origen o creencias
504. c. Las grandes cosas surgen de
pequeños comienzos.
505. a. La parábola de las diez
vírgenes
506. b. La parábola de los talentos
507. a. El perdón es esencial si
queremos alcanzar la
salvación.
508. b. La parábola de los talentos
509. c. Todo el mundo merece una
segunda oportunidad.
510. b. El buen samaritano

LA ENTRADA DE JESÚS EN JERUSALÉN

511. a. La entrada triunfal
512. c. El asno
513. b. Ramos de palma
514. d. El pueblo de Israel
515. a. Betania
516. d. Los cuatro Evangelios
517. c. Los discípulos
518. a. "¡Hosanna!".
519. d. Cinco
520. a. María Magdalena

521. a. Lloró
522. b. Betania
523. d. Todas las anteriores
524. a. Pascua
525. d. Para celebrar la Pascua

LA ÚLTIMA CENA

526. b. Cordero, pan sin levadura
y hierbas amargas
527. a. En una habitación del
monte Sión
528. a. Jesús y sus doce discípulos
529. a. Se fue temprano.
530. c. Lo bendijo
531. b. Judas Iscariote
532. d. Cuatro
533. d. El jueves
534. d. Amarse siempre los unos a
los otros
535. a. En el seno de Jesús
536. b. Como el traidor
537. b. Eucaristía
538. b. Una hogaza de pan
539. a. María Magdalena
540. a. Para recordar la protección
de Dios a su pueblo
541. d. No preocuparse por él

LA CRUCIFIXIÓN DE JESÚS

542. b. Poncio Pilato
543. c. Tres veces
544. a. El viernes
545. d. Todas las anteriores
546. b. Tres veces
547. d. Púrpura

548. *b. José de Arimatea*

549. *a. Con ser ladrones*

550. *b. Seis horas*

551. *d. "Padre, en tus manos encomiendo mi espíritu".*

552. *c. La madre de Jesús, María*

553. *d. Vinagre*

554. *a. Rey de los judíos*

555. *d. Todos ellos*

556. *a. Una corona de espinas*

557. *a. El centurión*

558. *b. María Magdalena*

559. *b. Los repartieron entre ellos*

RESURRECCIÓN DE JESÚS

560. *a. Tres días*

561. *a. "La paz sea con vosotros".*

562. *c. En la tumba de Jesús*

563. *d. Después de haberse reunido primero con los otros discípulos*

564. *b. Dos*

565. *b. "Lo he visto".*

566. *a. Un ángel*

567. *d. Ninguno de los anteriores*

568. *a. María Magdalena*

569. *a. Estaban estupefactos.*

570. *c. Nada*

571. *a. José de Arimatea*

572. *b. "No tengáis miedo".*

573. *b. 33 EC*

574. *c. Duda*

ASCENSIÓN DE JESÚS

575. *d. Ascendido al cielo*

576. *b. Cuarenta días*

577. *c. El Monte de los Olivos*

578. *b. Hechos*

579. *d. Lucas*

580. *c. Once*

581. *c. Judas*

582. *b. Jerusalén*

583. *d. Continuaron predicando.*

584. *c. No se sabe.*

585. *b. A la diestra de Dios*

586. *d. Hechos*

587. *d. "Este mismo Jesús vendrá, así como le habéis visto ir al cielo".*

588. *a. Ángeles*

589. *d. Todas las anteriores*

590. *d. Todo lo anterior*

EL DÍA DE PENTECOSTÉS

591. *b. Quincuagésimo*

592. *d. El descenso del Espíritu Santo*

593. *d. Diez días*

594. *c. Ruidos del cielo*

595. *a. Pedro*

596. *a. Unas tres mil personas se salvaron de sus pecados.*

597. *a. Shavuot*

598. *d. Recibieron el Espíritu Santo.*

599. *a. Paloma*

600. *a. Arrepentíos y bautizaos.*

601. *a. Fuego y viento*

602. *c. Lucas*

603. *c. Predicaron en nombre de Dios.*

604. *d. Suerte*

605. *a. Fue un milagro.*

606. *c. Por los dones de Dios*

EL MINISTERIO DE PEDRO Y LOS MILAGROS

607. *b. Mientras echaba las redes en el mar de Galilea*

608. *c. El día de Pentecostés*

609. *b. Las llaves del reino de los cielos*

610. *b. Juan*

611. *a. La curación de un hombre cojo de nacimiento*

612. *a. Jesús perdona a Pedro por haberle negado*

613. *b. Elías y Moisés*

614. *a. De ser responsable de la muerte de Jesús*

615. *d. De negar a Jesús tres veces*

616. *a. Centurión romano*

617. *a. Que se inclinó ante Pedro*

618. *b. Que obedecía la voluntad de Dios*

619. *a. Al imponerle las manos y orar*

620. *a. Que se realizaba por el nombre de Jesús*

621. *c. De ser avaro y robar dinero*

622. *b. De ir por todo el mundo predicando*

623. *a. Habla del mensaje de Dios.*

624. *a. Su encarcelamiento y martirio*

625. *a. Fue crucificado cabeza abajo.*

LOS VIAJES DE PABLO

626. *a. Plantación de iglesias y difusión del evangelio a judíos y gentiles*

627. *d. Trece*

628. *a. Discípulos que acompañaron a Pablo en sus viajes*

629. *b. Antioquía*

630. *c. Corinto, Grecia*

631. *d. Filipos*

632. *d. Romanos*

633. *d. Se profetizó que sería arrestado por gentiles.*

634. *a. Lucas*

635. *a. Ananías de Damasco*

636. *d. Roma, Italia*

637. *c. Antioquía*

638. *c. París*

639. *b. Un líder de la Iglesia colosense*

640. *a. En barco*

641. *d. Tuvo un gran éxito en la conversión de judíos y gentiles por igual.*

642. *d. Griego koiné*

643. *a. La salvación por la fe en Jesucristo*

644. *b. Damasco*

645. *a. Pablo*

646. *a. Trece (Los eruditos debaten hoy si escribió él mismo las trece).*

647. *c. 46 EC*

648. *b. Asia Menor*

649. a. Huyeron de la ciudad
650. b. Cesarea
651. b. Culebra
652. b. Persiguió a los cristianos
653. c. Nerón
654. d. Roma

DISCÍPULOS

655. b. Santiago el Mayor
656. d. Ninguno
657. b. Matías
658. a. Que Mateo era recaudador de impuestos
659. a. "¿Me amáis más que éstos?".
660. d. Todas las anteriores
661. a. Dos
662. a. Santiago
663. d. Juan
664. b. Felipe
665. b. Tomás
666. a. Pescador
667. a. Pedro
668. b. Juan
669. a. Juan Bautista
670. a. Desconocido
671. b. Los discípulos echaron suertes
672. a. Pablo
673. a. Creyentes no judíos
674. a. Cornelio
675. a. Esteban
676. c. Creyó una vez que vio las heridas de Jesús de la crucifixión
677. d. Se estableció la Iglesia cristiana

678. a. Concilio de Jerusalén
679. b. Los gentiles no tenían que seguir la mayoría de las reglas judías.
680. c. Blasfemia
681. b. Tomás el Dudoso
682. a. Médico
683. b. Los gentiles no necesitaban circuncidarse.
684. c. Pedro
685. a. La Gran Comisión

PERSECUCIÓN DE LOS PRIMEROS CRISTIANOS

686. a. Mártires
687. a. Nerón
688. a. Hechos de los Apóstoles
689. c. Fariseos judíos
690. d. Saulo (Pablo)
691. b. Quemados en la hoguera y apuñalados
692. a. Los golpearon
693. c. Paganismo
694. c. Quema de Roma
695. a. Predicación pública
696. d. Diocleciano
697. a. Negativa a adorar a los dioses paganos romanos
698. b. Roma
699. c. Edicto de Milán
700. c. Muerte
701. a. Hechos
702. b. Sacrificio público
703. a. Hechos
704. c. Decio

705. a. Oración

706. a. Destierro (B también es aceptable; Valeriano ordenaría la muerte de líderes cristianos más tarde en su reinado).

707. a. Los inicios del Imperio romano

708. b. Constantino I

EXPANSIÓN DEL EVANGELIO

709. d. Todos los anteriores

710. a. Los Hechos

711. b. La Gran Comisión

712. c. Lucas

713. a. Felipe

714. d. Mateo, Marcos, Lucas y Juan

715. b. La Resurrección

716. d. Felipe

717. d. Todos los anteriores

718. b. Lucas y Hechos

719. d. Juan Marcos

720. b. Griego

721. c. La Palabra

722. d. Cuatro

723. b. Mateo y Lucas

724. b. Marcos

725. a. Hechos

726. d. Juan

727. b. Reinstauración de Pedro

728. c. Mateo

729. a. El Espíritu Santo

730. a. Lucas

731. c. Etiopía

LA SEGUNDA VENIDA DE JESÚS

732. c. La parusía

733. b. Nuevo Testamento

734. a. Apocalipsis

735. d. Todo lo anterior

736. a. Hechos 1:10-11

737. d. Todo lo anterior

738. d. Todo lo anterior

739. a. No creer que Cristo ya había vuelto a menos que se hubiera producido la rebelión

740. d. Todo lo anterior

741. a. Creer en él

742. a. No se dice.

743. d. Los tres

EL MILENIO

744. b. El Apocalipsis

745. d. Para siempre

746. b. Mil años

747. d. Capítulo 20

748. a. Mártires

749. b. Todos los creyentes

750. b. Sufrirán por sus actos

751. d. Paz

752. d. Vivirán pacíficamente junto a los humanos.

753. d. El regreso de Jesús

754. a. La resurrección de los cristianos muertos y su elevación a los cielos

755. d. Para restaurar el reino de Dios en la tierra

756. c. Isaías

757. *a. Será liberado.*

758. *a. Será purificado.*

JUICIO FINAL

759. *d. Todas las personas*

760. *c. Las buenas obras hechas en vida*

761. *b. Dos*

762. *a. Inmoralidad sexual*

763. *b. Los incrédulos*

764. *b. Aquellos cuyos nombres no están escritos en el Libro de la Vida*

765. *c. Blancos*

766. *b. La segunda muerte*

767. *a. Jesucristo*

768. *d. Mediante un examen de todo lo que han dicho o hecho a lo largo de su vida*

769. *c. Paganos*

770. *d. Capítulo 20*

771. *d. Su castigo es eterno.*

772. *b. Capítulo 20*

CIELO

773. *a. El cielo*

774. *d. No se especifica.*

775. *a. Juan*

776. *d. El Gran Trono Blanco*

777. *a. No experimentarán más tristeza.*

778. *d. Apocalipsis*

779. *d. Todas las anteriores*

780. *b. Isaías*

781. *b. No más sufrimiento*

782. *a. Jaspe*

783. *d. No se especifica.*

784. *d. No se puede casar en el cielo.*

785. *c. Isaías*

786. *d. Árbol de la vida*

787. *c. Ángeles*

788. *a. Muchos tipos diferentes de fruta*

789. *d. Todas las anteriores*

790. *a. Lapis*

791. *b. Apocalipsis*

792. *b. Doce*

ÁNGELES

793. *b. Dos*

794. *Nunca se indica.*

795. *a. Lucifer*

796. *a. Arcángel Gabriel*

797. *b. Apocalipsis*

798. *b. Tres (Como nota, algunas tradiciones reconocen más arcángeles.)*

799. *d. Israel*

800. *d. No se especifica.*

801. *b. Jueces*

802. *c. Abadón*

803. *d. Apocalipsis*

804. *a. Dos ángeles*

805. *a. Dos*

806. *a. Génesis*

807. *c. Miguel*

808. *c. "¡El Señor te reprenda!".*

809. *d. Abraham*

810. *c. Lucas*

811. *d. No se especifica.*

812. *d. Génesis*

813. a. Le trajo comida y bebida

814. d. Josué

815. c. Metatrón

816. b. Tuvo miedo.

817. c. Tres (A también es aceptable)

818. a. Querubines

DEMONIOS

819. a. Los cerdos se precipitaron por un acantilado al mar.

820. a. Espíritu humano incorpóreo malicioso

821. d. Una bestia parecida a un elefante

822. d. No hay una creencia establecida para esto.

823. a. Ataca a los hombres

824. a. Íncubo

825. d. Un poderoso ángel caído

826. "Ve y cuenta a la gente lo que el Señor ha hecho por ti".

827. c. Espíritus malignos o demonios

828. c. Siete

829. b. Satanás

830. b. La ayudó a causa de su fe.

831. c. Los siete príncipes del infierno

832. d. Ninguno de los anteriores

833. a. Causar enfermedad

834. b. "¡Sal de él!".

835. d. Satanás

SATANÁS

836. d. Todo lo anterior

837. a. Génesis

838. a. Mateo

839. c. Armadura de Dios

840. a. Capítulo 1

841. b. Apelando a su hambre

842. c. El diablo

843. a. Lucifer (Las traducciones difieren; algunos dicen "estrella de la mañana")

844. a. Adversario

845. a. Santiago 4:7

846. c. Un tentador

847. d. Estando alerta y con mente sobria

848. b. Maldecir a Dios (A también es aceptable, ya que algunas fuentes citan esta como la traducción)

849. c. Satanás

850. d. No se especifica

www.ingramcontent.com/pod-product-compliance
Lightning Source LLC
Chambersburg PA
CBHW062155120626
46550CB00012B/1556